Leonardo Sciascia scrittore editore
ovvero
La felicità di far libri

A cura di
Salvatore Silvano Nigro

Sellerio editore
Palermo

*2019 © Sellerio editore via Enzo ed Elvira Sellerio 50 Palermo
e-mail: info@sellerio.it
www.sellerio.it*

Published by arrangement with The Italian Literary Agency

In copertina: Leonardo Sciascia nella sede della casa editrice Sellerio. Fotografia di Giuseppe Quatriglio.
© Giuseppe Quatriglio 1978. Per gentile concessione. Tutti i diritti riservati.

Questo volume è stato stampato su carta Grifo vergata prodotta dalle Cartiere di Fabriano con materie prime provenienti da gestione forestale sostenibile.

Leonardo Sciascia scrittore editore ovvero La felicità di far libri / a cura di Salvatore Silvano Nigro. - Palermo : Sellerio, 2019.
EAN 978-88-389-3945-7
1. Sciascia, Leonardo - Editoria.
I. Nigro, Salvatore Silvano
070.5092 CDD-23   SBN Pal0313426

CIP – *Biblioteca centrale della Regione siciliana «Alberto Bombace»*

Una specie collaterale della critica
di
Salvatore Silvano Nigro

Se il libro è un supporto per copertina, come diceva Manganelli, è perché la copertina non è una geometria amena e di capriccio: un contenitore di sola qualità decorativa. Nei suoi spazi, l'editore e il lettore si danno il buongiorno. E si stringono la mano. Per i suoi luoghi strategici passa l'iniziativa progettuale. L'intimidazione pubblicitaria, quando si va al peggio. Lo strillonaggio del titolo, quando si va al chiassoso. Lo stile di una scelta e di una riconoscibilità, se lo sbracciamento e le cerimonie si ricompongono in confidenza e cordialità d'incontro.

Le risorse della copertina si condensano nel risvolto. Per il quale vale la «teoria» che Borges elaborò per il prologo: «Nella triste maggioranza dei casi», il risvolto «confina con l'oratoria del dopotavola o con i panegirici funebri e indulge a iperboli irresponsabili che la lettura incredula ammette come convenzioni del genere». Ma «quando gli astri sono propizi», il risvolto «non è una forma subalterna del brindisi; è una specie collaterale della critica». Compreso l'autorisvolto. E compresa la scelta autoriale dell'illustrazione di copertina, che è parte del testo, e inseparabile. Nel caso di Manganelli, ad esempio, che era perentorio. O di Leonardo Sciascia, che lo era a metà, ma con convinzione; anche nella veste di traduttore: «*se non l'immagine della lunetta erotica di Piazza Armerina, qualche particolare di uno dei dipinti diciamo biblici di Gustave Moreau*», *suggeriva a Elvira Sellerio per* Il procuratore della Giudea *di Anatole France; e aggiungeva, ad accompagnatura, e tra parentesi di discrezione:* «*Vale, si capisce, come timido suggerimento*». *Ma già nel 1957, mentre si preparava la pubblicazione presso Einaudi degli* Zii di Sicilia, *Sciascia scriveva a Calvino:* «*per il disegno di copertina potrei avanzare qualche proposta? (Mi piacerebbe un disegno di Maccari: se credi posso occuparmene)*». *I libri li pensava vestiti. E fedele nelle scelte, un disegno di Maccari fece indossare nel 1976 all'antologia* La noia e l'offesa. Il fascismo e gli scrittori siciliani, *da lui curata con l'assistenza di Elvira Sellerio; ma solo da lui disegnata:* «*Le due poesie di "Ed è subito sera" vanno nella sezione* sorgere della coscienza antifascista. *Quella di "Giorno dopo giorno" nella sezione* la tragedia. *Mi è venuta l'idea di mettere come in appendice un mio scritto, pubblicato anni fa in "Officina", e mai più ristampato, sulla poesia della Resistenza. Ma vedremo lunedì, poiché oggi non potrò venire e domani andrò in campagna... Ci sarebbe un racconto di Brancati, pubblicato su "Omnibus" tra il '37 e il '38, da aggiungere. Bisogna che lo cerchi*». *Volle, al momento della stampa, una* «*camicia*» *di efficace strategia; per adibirla a epigrafe, impostata a modo di emblema nella sua doppia combinazione: con un corpo visivo, goyescamente sinistro e incombente, in prima di copertina; e un'anima didascalica, acre e secca-*

Appunto per la copertina del Procuratore della Giudea:

Se non l'immagine della lunetta erotica di Piazza Armerina, qualche particolare d'uno dei dipinti diciamo biblici di Gustave Moreau. (Vale, si capisce, come timido suggerimento).

Appunto per la copertina del *Procuratore della Giudea* di Anatole France, 1980.

mente pungente, in quarta: «*In copertina disegno di Mino Maccari. Venne pubblicato per la prima volta su "Il Selvaggio" del 25 ottobre 1938, accompagnato dai seguenti versi: "A Telesio Interlandi / Or ciascun si raccomandi, / Presentando, come logico, / L'albero genealogico". Appena due mesi prima era iniziata la campagna razzistica in Italia e Interlandi, siciliano, che dirigeva già "Il Tevere", era diventato direttore della rivista "La difesa della razza"». La tecnica (morale) degli emblemi, Sciascia l'aveva studiata sugli amati saggi di Mario Praz.*

Gli piaceva definirsi «*un amatore di stampe*». *E per le copertine della collana* «*La civiltà perfezionata*» *sceglieva gli incisori. Commissionava le acqueforti. Proponeva i soggetti. E li circoscriveva. A Leonardo Castellani spedì addirittura due fotografie di luoghi stendhaliani, come appoggio di memoria per l'incisione destinata alle* Lezioni su Stendhal *di Tomasi di Lampedusa.*

Si diceva di Manganelli e Sciascia. I due scrittori si implicavano a vicenda. Avevano entrambi luminosa erudizione. E al di là delle diverse postazioni stilistiche, tra Bartoli e Voltaire per dirla in sintesi, comune genio repugnante al best-seller; e fiducia nella misericordia, se non nell'astuzia del tempo. Scriveva Sciascia, nel risvolto per Il grafico della febbre *di Friedrich Glauser:* «*Per circa mezzo secolo il lettore si è trovato nel circolo vizioso (veramente e vanamente vizioso) del best-seller: il libro la cui precipua qualità stava nel fatto che era dato per molto letto e che era dunque indispensabile leggere. Oggi siamo al long-seller: al libro che ritorna, al libro che si riscopre, al libro che ha vinto il silenzio e l'oblio.*

"A mio avviso", – dice Manganelli – "è long-seller l'autore che fa un giro in pista, nessuno gli fa caso, e dopo trenta, quarant'anni fa un secondo giro, e tutti lo guardano con il fiato sospeso"; mentre i best-seller sono soltanto "fulminei ectoplasmi senza un passato". E forse, possiamo aggiungere, senza un avvenire. Se dunque coi seller dobbiamo convivere, più sul sicuro si va coi long».

E non è un caso che Sciascia, in quanto editore, abbia progettato per Sellerio collane votate alla perdurabilità e al recupero di memoria: esortando «a non dimenticare certi scrittori, certi testi, certi fatti»; «vagando per il mal noto, il poco noto e l'ignoto», tra «storia e fantasia, e con punte che possono anche sembrare estravaganti e paradossali: una giustapposizione di racconti, cronache, descrizioni, lettere, memorie, apologie e magari agiografie, capricci». Secondo un ritmo di ritorno e di incidenze (insistito nei risvolti); e con punte di capricciosa scelta, ora nel segno drammatico e beffardo dei Capricci *di* Goya, *ora prazianamente, di una compaginazione di «bellezza» e «bizzarria». E non per inventario o minuto catalogo. Ma per una costruzione in collane, che la geografia vasta di quel magazzino delle fantasie che è una biblioteca, organizzi come «immagine» di realtà o «specchio» dell'immaginazione (*La Sicile si jamais je puis y aller *è il titolo di una collana pensata ma non realizzata, suggerito da Stendhal), come «città letteraria» da attraversare «in diagonale» (per poter toccare «punti imprevedibili, angoli e slarghi ignoti o poco noti»), come «castello», «divano», «prisma», «quaderno», specifica «biblioteca» dentro la Biblioteca; come «civiltà perfe-*

zionata», nello spirito che fu del moralista francese del Settecento Nicolas-Sébastien Roch detto Nicolas de Chamfort. Sempre con la convinzione che la scelta di un libro da pubblicare è un atto di critica, di volta in volta esplicitato nel risvolto, esercitatosi nella lettura dei libri «attraverso il mondo» e del «mondo attraverso i libri»; e che una biblioteca d'autore è un autoritratto d'artista: un'autobiografia culturale e autorizzata, che si dà tutta insieme in ogni numero della collana e in sequenza.

Non c'è soluzione di continuità fra la scrittura creativa di Sciascia, le polemiche civili dello scrittore, e l'attività dell'editore. Sciascia pubblica, di Dostojevskij, Il villaggio di Stepàncikovo. *E lo accompagna con un risvolto che, diagonalmente, in modi scorciati e allusivi, colloca la proposta all'interno della scalmana politica suscitata dalla pubblicazione nel 1977 di* Candido: *«A parodia del famoso* incipit *di un capitolo dei* Promessi sposi – *"Carneade! Chi era costui?" – nel recente racconto di uno scrittore italiano corre ad un certo punto la domanda "Fomà Fomíč! Chi era costui?"; e vi si svolge una grottesca ricerca dell'identità del personaggio. Che è poi il protagonista di questo "romanzo umoristico" di Dostojevskij, ma assunto dallo scrittore italiano a prefigurazione, premonizione e simbolo dello stalinismo. Il libro è del 1859... Ma crediamo valga la pena di provare a leggerlo nella chiave del* senno del poi, *a fronte degli avvenimenti tragicamente grotteschi o grottescamente tragici che l'intolleranza ha generato dal suo secolo al nostro». Non c'è chi non riconosca nello «scrittore italiano» lo stesso Sciascia. E, nella ruminazione donabbondiesca, l'incipit della sezione del* Candido *introdotta dalla rubrica* Della difficoltosa indagine che il partito condusse per identificare Fomà Fomíč *e dei discorsi che su questo personaggio fecero Candido e don Antonio.*

E visto che siamo a don Lisander, si ricordi il rilancio nel 1981 della Storia della Colonna Infame; *a ridosso della lettura di un saggio di Renzo Negri («uno dei suoi critici più sagaci»), e motivato da «tante ragioni»: «e non ultima quella per cui oggi il Parlamento restaura il fermo di polizia e l'opinione dei più inclina al ritorno della pena di morte, senza dire delle leggi speciali nei riguardi del terrorismo per cui la semi-impunità ai "pentiti" ripropone l'analogia che il Manzoni stabilisce tra tortura e promessa di impunità».*

Pur nell'inevitabilità delle soluzioni accorciative, i risvolti di Sciascia (e con essi i segnalibri, o santini laici, che dei risvolti sono parenti volanti) continuamente scivolano oltre i limiti dei propri margini di servizio. E sono reattivi. Viene annunciato L'affaire Moro. *Nella scheda di presentazione, Sciascia trascrive, riconoscendovisi, l'analisi che Alberto Cavallari ha anticipato su «Le Monde» del 9 novembre del 1978: secondo la quale egli ha decodificato «il "romanzo Moro", che ha trovato già fatto, per risalire alla pura cronaca», e «ha fatto il contrario del romanzo-inchiesta, e cioè una inchiesta senza veli. Ha smontato quel che sembra "letteratura alla Sciascia" per arrivare a un coraggioso j'accuse. Si è lasciato dietro il suo ultimo romanzo filosofico di linea voltairiana (Candido) e cammina questa volta sulle orme di Zola».*

Intanto si sono scatenati lo zelo precipitoso e la ressa delle anticipazioni giornalistiche; e dei giudizi sul libro «non ancora pubblicato, non ancora letto», e tuttavia già considerato affascinante e commovente: magnificato per la sua letterarietà. Sciascia non sta al gioco, all'accomodamento. Chiude nel cassetto la scheda manoscritta. Ne scrive una nuova. Riprende la situazione in mano. E pubblica: «... è possibile che... quanti... si sono occupati di questo libro senza averlo letto si sbaglino: e cioè che il libro non affascini, non commuova, non abbia qualità letterarie; che sia soltanto una nuda e dura ricerca della nuda e dura verità».

In breve carta, e con ben svoltate clausole, il risvolto di Sciascia sa farsi anche commentariolo della collana. Insegue le diverse pronunce delle prescelte voci femminili. E dentro «La memoria» scava una «vena». La segue. La posiziona. La pone in prospettiva. A salutare un sottogenere letterario, lì inaugurato e incrementato; e definito. Nella trafila che va da Kermesse *dello stesso Sciascia, a* Museo d'ombre *di Bufalino, a* L'incominciamento *di Bonaviri; e poi a* Le abitudini e l'assenza *di Addamo e al ripescaggio di* Passi a piedi passi a memoria *di Castelli: «piccoli libri nella mole», che però riescono a conferire ai villaggi d'origine di chi li ha scritti «quella certificazione di esistenza che soltanto la letteratura sa dare»; e che è altra cosa dalla «carità del natio loco», polemicamente decentrata in una inedita aggiunta soprascritta al segnalibro per il poemetto secentesco* La cattura *del mineolo Maura: «non è un caso di carità del natio loco che due scrittori, anch'essi nativi di Mineo –*

Luigi Capuana e Giuseppe Bonaviri – l'abbiano a distanza di anni studiato e proposto».

Capita che il risvolto sia redazionale. Da Sciascia però sorvegliato, sfoltito, qua e là riscritto; o incrementato, scaltrito e reso di nervosa intensità. Accade per L'ultima festa dell'Empire *di Angelo Rinaldi. Il redattore ha scritto: «Un uomo ritorna alla sua isola per l'ultima festa del Café de l'Empire». Sciascia introduce una virgola e aggiunge: «che la madre ha fin allora gestito. E forse nel nome del caffè – l'Empire – non è soltanto la memoria del primo e secondo impero dei Bonaparte, ma si adombra l'impero, l'imperio, della "madre mediterranea"». A proposito delle* Dorate stanze *di Luisa Adorno, il redattore ha cominciato citando da Brancati l'erompere di una risata («una di quelle risate squillanti, energiche, di autentica e personale gioia, perché tutti trasalissero di stupore, d'invidia e infine di vergogna, come un'accolta di suonatori stonati alla pura arcata di un Paganini»). Sciascia aggiunge: «Questa risata Pirandello, probabilmente con la stessa intuizione, si era provato a farla esplodere un po' prima; ma in queste pagine di Luisa Adorno la ritroviamo come autentica e personale gioia che erompe dalla giovinezza delle tre protagoniste». Per* L'ora del re *di Boris Hazanov, il redattore si è dilungato, espansivo: «Il modo in cui il re rompe il dilemma è bello come "il cielo stellato sopra di noi"; tanto bello che in qualche posto del mondo sarà anche stato vero. O almeno, si racconta che in un paese siciliano accadde il simile. Mentre gli altoparlanti di Mussolini tuonavano la dichiarazione di guerra contro la Francia*

"Eppure sarebbe bastato che erompesse una risata- si legge nella Noia del '937 di Brancati, il racconto che forse più intensamente risuscita le atmosfere degli anni Trenta italiani, le piccinerie, il conformismo - una di quelle risate squillanti, energiche, di autentica e personale gioia, perchè tutti trasalissero di stupore, d'invidia e infine di vergogna, come un'accolta di suonatori stonati alla pura arcata di un Paganini". Se è lecito dare tanta realtà ai personaggi letterari (e in questo caso il brio, la vivezza, la concretezza della pagina di Luisa Adorno tanta realtà reclamano), quella risata di autentica e personale gioia si sente erompere dalla giovinezza delle tre protagoniste, nel primo tempo di questa "storia in tre tempi". Cresce nell'aula del liceo a vincere "la noia dei brani di Mussolini da dilatare come temi in classe"; si modula d'ironia tra i piccoli fatti della Pisa d'anteguerra; accanto ai goffi primi amori. Se le bombe l'interrompono, nella diaspora della guerra, riesplode d'entusiasmo con la Liberazione. Vibra ancora se la vita, che ha tentato logorarla, dà infine il suo bilancio: "la giovinezza è salva, per noi tre".

Per questo danno il senso della religiosità compiuta -intesa come rispetto nell'accostarsi al respiro profondo dell'esistenza- gli incontri che animano gli altri due tempi della storia. Incroci con vicende che non hanno nulla da salvare: con Anna, la matrigna coetanea, prigioniera del grande palazzo del Sud, bazar di cupe follie; col chiuso mal di vivere di Agathe, padrona della casa svizzera "che non ha visto la guerra".

Luisa Adorno è nata a Pisa nel 1921. Vive e lavora a Roma. Ha scritto, con pseudonimi diversi, articoli e racconti per "Il Mondo" di Pannunzio e "Paragone". Il suo primo romanzo, L'ultima provincia del 1962, è stato ripubblicato da questa casa editrice nel 1983. Le dorate stanze è il suo secondo romanzo.

Questa risata Pirandello, probabilmente con la stessa intenzione, si era provato a farla esplodere un po' prima; ma in queste pagine di Luisa Adorno la ritroviamo come autentica e personale gioia che erompe dalla giovinezza delle tre protagoniste

si effonde

personaggi

Risvolto redazionale de *Le dorate stanze* di Luisa Adorno con correzioni di Sciascia, 1985.

già piegata dalle truppe tedesche, un gruppo di notabili dal Circolo dei civili levò il canto della Marsigliese». Sciascia sfronda, e stringe: «*Il modo in cui il re rompe il dilemma è bello come "il cielo stellato sopra di noi"; tanto bello che in qualche posto del mondo è davvero accaduto: e precisamente in Danimarca, durante l'occupazione nazista*».

Più frastagliati sono gli interventi di Sciascia sul risvolto della Strage dimenticata *di Camilleri (il cui primo titolo era* Digressioni per una doppia strage*). Il redattore ha esordito così:* «*Alla fine di questo libro sono elencati centoquattordici nomi che non compaiono in nessuna lapide del nostro risorgimento, centoquattordici caduti della rivoluzione del 1848 in Sicilia*». *A Sciascia non piace* «*della rivoluzione*»*. L'esito sarà* «*nella rivolta*»*; con l'aggiunta di questa specificazione, tipicamente sciasciana, che non comparirà nel risvolto a stampa:* «*Non della rivolta ma, appunto, nella rivolta*»*. Il risvolto dattiloscritto proseguiva:* «*"Servi di pena" – com'erano chiamati i galeotti nelle carte burocratiche del tempo a registrazione dei servigi resi dal lavoro coatto – uccisi dalla polizia borbonica non per colpe particolari né perché rappresentavano un pericolo reale*»*. Sciascia sostituisce* «*col*» *a* «*dal*»*. Corregge il punto fermo in punto e virgola, e inserisce:* «*se non quello, forse, che si associassero agli insorti*»*. Ancora:* «*le autorità, quelle borboniche e quelle unitarie, ad arte ne confusero e occultarono la sorte*»*. Sciascia cancella* «*ad arte*» *e sostituisce:* «*per diversa responsabilità ma per uguale malafede*»*. Nella conclusione corregge un* «*riesuma dall'oblio*»*, divenuto*

> Alla fine di questo libro sono elencati centoquattordici nomi che non compaiono in nessuna lapide del nostro risorgimento, centoquattordici caduti ~~nella rivoluzione~~ *nella* del 1848 in Sicilia. "Servi di pena" -com'erano chiamati i galeotti nelle carte burocratiche del tempo a registrazione dei servigi resi *col* lavoro coatto- uccisi dalla polizia borbonica non per colpe particolari né perché rappresentavano un pericolo reale; *Non della rivolta mia, appunto, nella rivolta.* Le autorità, quelle borboniche e quelle unitarie, ~~ad arte~~ ne confusero e occultarono la sorte, e nessuno storico si è mai occupato di loro. Gli assassini e i complici silenziosi ~~fecero~~ la loro ~~rispettiva~~ carriera ~~di notabili~~, sotto i borboni, prima, e poi nell'Italia unitaria, ~~e forse ad di un muro spendido e in qualche caserma una lapide ha onora.~~ *se non quello, forse, che si appicia sero agli insorti* ~~Diversa è 3 ... d'un critico trace~~ dall'oblio quei nomi, rintraccia gli assassini, ricostruisce i moventi. Ci rammenta, una volta ancora, come sia più "maestra" *di quella delle lapidi* la storia che cerca le ~~lapidi che nessuno ha mai messo~~ *acri, tragiche et umili verità.*
>
> *per diversa responsabilità ma per uguale malafede*
>
> *lapidi*

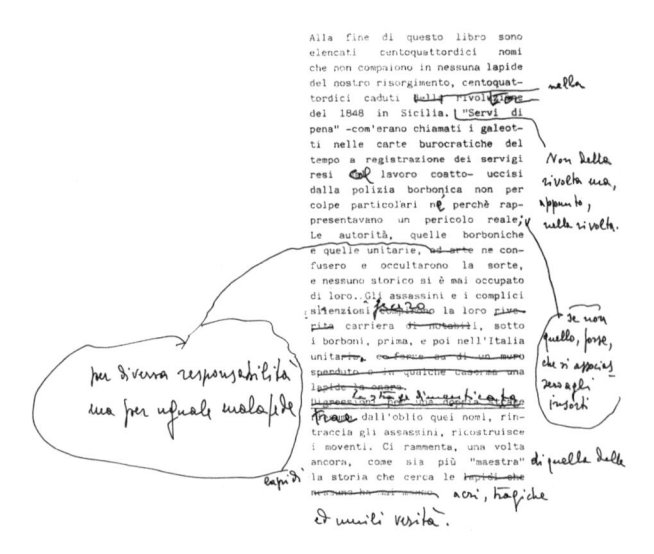

Risvolto redazionale de *La strage dimenticata* di Andrea Camilleri con correzioni di Sciascia, 1984.

«trae dall'oblio». Lavora sulla frase finale: «Ci rammenta, una volta ancora, come sia più "maestra" la storia che cerca le lapidi che nessuno ha mai messo»; e la riformula, manzonianamente: «Ci rammenta, una volta ancora, come sia più "maestra" di quella delle lapidi la storia che cerca le acri, tragiche ed umili verità»; pensando di nuovo alla Colonna *e alla travagliosa e feriale «historia» degli errori, piuttosto che alla monumentalizzante «Historia» che una «guerra illustre» di sbalordimento conduce «contro il Tempo». E inoltre: «Gli assassini e i complici silenziosi compirono la loro riverita carriera di notabili, sotto i borboni, prima, e poi nell'Italia unitaria»; che Sciascia scorcia: «Gli assassini e i complici silenziosi fecero la loro carriera, sotto i borboni, prima, e poi nell'Italia unita».*

Non è cosa da poco sorprendere Sciascia in atteggiamento conversativo con un redattore; fra l'altro piegato, lui che era per la ritenutezza e non amava lasciare tracce di varianti, nell'atto di correggere e riscrivere (e di rivedere le traduzioni dal francese dei collaboratori: traduttore non dichiarato, nel caso della introduzione di Dominique Fernandez alla Sorte *di De Roberto).*

Se i risvolti degli einaudiani «Gettoni» (per restare dentro una tradizione di elettiva affinità, che include le presentazioni interne dei volumetti in bianco e blu della collezione «Il Tornasole» di Gallo e Sereni) erano sostanzialmente di Vittorini, e «lievemente» rimaneggiati dai redattori, le bandelle selleriane sono state il più delle volte scritte in redazione e rifinite in direzione: sperimentando una quasi quotidiana conversazione tattile, che ha improntato il paesaggio stilistico e la moralità civile della casa editrice.

I risvolti e le note editoriali di Sciascia, come tutta la sua scrittura, hanno spesso nervature citazionistiche. Ma le citazioni (di erudizione trasportata al narrativo, se distese) sono di naturale disinvoltura, di pulita rapidità e svagatezza. Non hanno le unghie dipinte. E soggiacciono alla severità di un rigore geometrico. Lo stesso che portava Sciascia a proporre agli autori una costellazione di titolazioni possibili (ben sette per un libro di Gianfranco Dioguardi, alla fine intitolato Viaggio nella mente barocca. Baltasar Gracián ovvero le astuzie dell'astuzia), *poi usata come traccia e scaletta per la stesura del risvolto.*

Frequenti sono gli autorisvolti. Nonostante la pericolosità dell'esercizio, sulla quale ha richiamato l'attenzione Pontiggia: «I risvolti sono la fossa che un autore si scava per esservi seppellito da chi non leggerà altro: a volte rimane stupito della somiglianza dei giudizi, perché dimentica di esserne lui la fonte. Presto si accorgerà di non stare a proprio agio nella bara, ma sarà comprensibilmente troppo tardi». Questo non è accaduto a Sciascia, che ha sempre potuto confidare nell'intelligenza dei lettori. Dei professionisti della critica, si curava solo quel tanto che bastava. E neppure si illudeva.

Matteo Collura ha scritto che «se Leonardo Sciascia non fosse diventato uno scrittore, forse avrebbe tentato l'avventura dell'editoria». Editore, Sciascia lo fu di fatto. Sin dagli anni Cinquanta, a Caltanissetta: «laggiù», diceva Calvino, dove dirigeva «una rivistina assai pulita

("Galleria") e delle edizioni di poesia»; «una delle poche riviste letterarie di valore che escono in provincia... e... una collana di quaderni di prosa e poesia», puntualizzava Vittorini. Laggiù, e non soltanto.

Per una collezione dell'editore Salvatore Sciascia intitolata «Mediterranea», nel 1959 Leonardo commissionò ad Antonino Uccello le Ottave *di Antonio Veneziano, e avrebbe voluto che ad esse seguissero in appendice quelle di Cervantes indirizzate al cantore di Celia (il libro uscirà nel 1967 presso Einaudi, curato da Aurelio Rigoli, con introduzione di Sciascia; e senza i versi di Cervantes). E a Milano, insieme a Trombatore, disegnò per Mursia una «Biblioteca siciliana». Vi avrebbe voluto accogliere nel 1967* L'antico Carnevale della Contea di Modica *di Serafino Amabile Guastella. L'opera completa del cosiddetto «barone dei villani» venne infine progettata per Sellerio. Ma Sciascia non fece in tempo a realizzarla. Sia detto, questo, a ricordo di una vocazione costante. E ostinata, e sicura nelle scelte.*

Sciascia si realizzò pienamente, come editore, a Palermo. Nella casa editrice Sellerio. Di suo pugno scrisse che aveva voluto smentire la convinzione diffusa che «stampare libri in Sicilia è come coltivare fichidindia a Milano».

Ancora nel 1989, il dieci di settembre, quando già sentiva di dover periodare le poche parole che gli restavano facendo punto con gli addii, scriveva a Elvira Sellerio. Si congedava dalla casa editrice. Con una lettera battuta a macchina, delicatamente pensierosa. E riaperta in poscritto, dopo una firma esile e malcerta: «Non voglio dimenticarmene: dovresti fare una "memoria" della "Germania" di Tacito tradotta da F.T. Marinetti». Era l'ultimo ricordo (guicciardinianamente ricordo, come cosa da non lasciar cadere, da tener presente e in conto), legato all'«incanto della lettura» (che gli aveva fatto riproporre, con note d'accompagnamento, le Cronache catalane dei secoli XIII e XIV *di Raimondo Muntaner e Bernardo D'Esclot,* L'Armada *di Franz Zeise,* I veleni di Palermo *di Rosario La Duca, o i* Racconti di una guerra *di Virgilio Lilli); e alla felicità di far libri: e persino di stendere schede per i venditori, approntar colophon per le strenne, e modelli di lettere contrattuali; o di scrivere agli editori stranieri, e ai collaboratori, fingendo di essere Elvira Sellerio. Una volta ringraziò se stesso per avere «gentilmente concesso», insieme ad altri, «la riproduzione di scritti finora non raccolti in volume». Sciascia editore era in corrispondenza con lo scrittore. Lo convocava. E ci giocava a scacchi.*

SALVATORE SILVANO NIGRO

Nota

Il saggio introduttivo a questo libro si avvale di documenti inediti conservati nell'archivio della casa editrice Sellerio. Il curatore ringrazia la Redazione tutta (e in particolare Chiara Restivo e Floriana Ferrara), che alla nascita del libro ha collaborato: volendolo fortemente, e sostenendolo. Alcuni documenti citati provengono dall'archivio del poeta e antropologo Antonino Uccello; e da Italo Calvino, I libri degli altri. Lettere 1947-1981, *a cura di Giovanni Tesio e con una nota di Carlo Fruttero, Torino, Einaudi, 1991. Informazioni sono tolte da: Elio Vittorini,* I risvolti dei «Gettoni», *a cura di Cesare De Michelis, Milano, Libri Scheiwiller, 1988; Gianfranco Dioguardi,* Ricordo di Leonardo Sciascia, *Milano, Edizioni Rovello, 1993; Matteo Collura,* Il maestro di Regalpetra. Vita di Leonardo Sciascia, *Milano, Longanesi, 1996; Marcello D'Alessandra,* Leonardo Sciascia editore, *in* Colpi di penna, colpi di spada *(«Quaderni Leonardo Sciascia», 6), a cura di Valentina Fascia, Milano, La Vita Felice, 2001.* Prologo di Prologhi *(1974) di Borges è citato da* Prologhi *(1975): Jorge Luis Borges,* Tutte le opere, *a cura di Domenico Porzio, Milano, Mondadori, 1985, volume* II. *La citazione di Giuseppe Pontiggia è tratta da* Prima persona, *Milano, Mondadori, 2002.*

Per il romanzo Placida *di Eugenio Vitarelli (Milano, Mondadori, 1983), Sciascia scrisse il seguente risvolto-testimonianza: «Conosco Vitarelli da trent'anni. E certamente da più di trent'anni Vitarelli scrive. Assiduamente, regolarmente, giorno dopo giorno: e senza l'assillo di pubblicare, forse anzi senza nemmeno la voglia. Per il piacere di scrivere, di raccontare, di raccontarsi. Non so che cosa ci sia nei suoi cassetti, né so se nell'ordine del tempo questo racconto si appartiene alle prime cose o alle ultime. Lontane, lontanissime, sono nella nostra vita le cose che racconta: ma è come se improvvisamente irrompessero nel fuoco di una lente, da confuse e lontane a farsi vicine, nitide, precise. È l'estate del '43 in Sicilia, che racconta. La sua estate del '43, la nostra quella di ogni siciliano che allora stava fra adolescenza e giovinezza, che scopriva la bellezza di vivere dentro l'orrore della guerra, i disagi e i disastri, la fame. Da ciò, in queste pagine, una specie di stupore, di meraviglia, di domanda; qualcosa di simile, in sottofondo, al chiedersi di Fabrizio del Dongo se ha veramente assistito a una battaglia. Abbiamo veramente assistito ad una guerra, nell'estate del '43?».*

Ha scritto Gesualdo Bufalino, nell'articolo Sciascia, «amateur d'estampes»: «*Nel 1988, un anno prima di morire, malato terminale, come con un orrendo eufemismo si dice, Sciascia si pone per la penultima volta di fronte alla macchina da scrivere. È un'acquaforte a ispirarlo:* Il cavaliere, la morte e il diavolo *di Dürer. Il suo eroe, un Vice di polizia, moribondo anche lui, negli intervalli del male lavora a un'indagine: così come Sciascia stesso alle pagine del libro. I due sono una stessa persona: maniaci di stampe entrambi, fumatori incalliti, condannati senza rimedio a una fine imminente. La natura del libro è di* sotie *gialla, ma con un fondo di dolorosa meditazione sulla morte e sul niente, quali suggeriscono i tratti arcigni e inesorabili della composizione sin dal frontespizio del libro. Omaggio ultimo, quasi un addio accennato con la mano, che Sciascia rende al mondo dell'incisione...*» (Il fiele ibleo, *Cava dei Tirreni, Avagliano Editore, 1995). Prima, assai prima, nel 1974, una pittura in copertina (la* Tentazione di sant'Agostino *di Rutilio Manetti) ave-*

va introdotto nel romanzo Todo modo *le lenti del diavolo: «un santo scuro e barbuto, un librone aperto davanti; e un diavolo dall'espressione tra untuosa e beffarda, le corna rubescenti, come di carne scorticata. Ma quel che più colpiva, del diavolo, era il fatto che aveva gli occhiali: a pince-nez, dalla montatura nera... Gli occhiali di don Gaetano, dunque; e l'inquietudine che mi davano. Era un caso che li avesse del modello di quelli del diavolo o se li era procurati apposta?».*

Si rimanda anche a: Francesco Izzo, Come Chagall vorrei cogliere questa terra. Leonardo Sciascia e l'arte. Bibliografia ragionata di una passione, *Milano, Edizioni Otto/Novecento, 1998; Giovanna Jackson*, Le arti figurative come metafora negli scritti di Leonardo Sciascia, *in* I segni incrociati. Letteratura italiana del '900 e arte figurativa, *a cura di Marcello Ciccuto e Alexandra Zingone, Viareggio-Lucca, Mauro Baroni editore, 1998; e, per gli autorisvolti e le copertine di Giorgio Manganelli, a: Giuseppe Zuccarino*, Risvolti manganelliani, *in* La scrittura impossibile, *Genova, Graphos, 1995;* Cantiere Manganelli. Fotobiografia. La vita, le opere (1922-1990), *a cura di Floriana Calitti, Maria Ida Gaeta, Gabriele Pedullà, Roma, Casa delle Letterature, 2002.*

Collaterali alla critica sono pure le schede di lettura per gli editori. Qui interessano quelle di Gallo e di Manganelli: Niccolò Gallo, Scritti letterari, *a cura di Ottavio Cecchi, Cesare Garboli e Gian Carlo Roscioni, Milano, Il Polifilo, 1975; Giorgio Manganelli*, De America, *a cura di Luca Scarlini, Milano, Marcos y Marcos, 1999, e* L'impero romanzesco. Letture per un editore, *a cura di Viola Papetti, Torino, Aragno, in corso di stampa.*

Alla figura dello scrittore-editore, nell'Ottocento e nel Novecento, è dedicato un numero monografico della rivista «Travaux de littérature»: XV, 2002.

Bloomington, ottobre 2002 S. S. N.

Testimonianza

Questo libro non è stato concepito come è andato poi alle stampe e oggi si presenta al lettore. L'idea originaria – e il lavoro originario – era di raccogliere tutti i risvolti di copertina che Leonardo Sciascia aveva scritto per i volumi della collana «La memoria» della casa editrice Sellerio. Anzi, l'idea originaria, in realtà è di molti anni fa e risaliva a Sciascia stesso, divertito dal titolo che avrebbe avuto il libro, giocando con quello che aveva la collana: *I risvolti della Memoria*. Comunque, ne sarebbe venuto un libretto agile, di scritti lunghi meno di una pagina, tutte sprizzanti umorismo e intelligenza, o umor nero e intelligenza. Quel libretto è oggi parte di questo più vasto, che invece contiene tutti gli scritti di Sciascia per lo più non firmati e destinati a servire l'attività editoriale più strettamente produttiva, sempre per l'editore Sellerio. Oltre ai risvolti, perciò, le avvertenze editoriali, i segnalibri, le introduzioni alle varie parti delle antologie.

Un'invenzione fortuita dunque, benché, a veder l'opera compiuta, necessaria. Sciascia scrisse più o meno ciascuno dei risvolti di copertina dei volumi Sellerio fino al n.71 della «Memoria» escluso (il celebre *Donna di Porto Pim* di Tabucchi). Da quel momento in poi, passò la mano a un redattore interno della casa editrice, riservandosi però la scrittura dei risvolti per i libri suoi, di quegli scritti da lui particolarmente sostenuti o amati, di quei testi contenenti ai suoi occhi un messaggio, e tutti i libri propriamente «importanti». Inoltre, su quasi tutti i risvolti non suoi, Sciascia esercitava una specie di supervisione e di visto finale. Trovarli, perciò, tutti i risvolti dell'epoca di Sciascia in casa editrice, distinguerli da quelli contemporanei da lui approvati, magari corretti, ma non suoi, richiedeva quindi una ricerca meticolosa e non semplice. Un'indagine d'archivio, ma anche storica (in quella storia aziendale restata nei ricordi dei redattori, e nell'intersecarsi di questi con i documenti e le corrispondenze) e una vera e propria investigazione filologica: a cercare la parola che solo Sciascia avrebbe usato, la circonlocuzione o la figura retorica caratteristica, il colore di un inchiostro di stilografica, la grafia, financo i caratteri di una Olivetti Lettera 22. E dalla ricerca compiuta, come una lava di parole irrefrenabile, è sortita tutta la mole delle scritte editoriali di Sciascia.

Un lascito di immenso interesse come documento inevitabile di una biografia intellettuale, che prima o poi qualcuno avrebbe scritto, per provare e descrivere e giudicare l'impegno da editore cui Sciascia si sentiva particolarmente vocato. Ma, in chi fu testimone diretto e compagno di quell'impegno, un'eredità d'affetto, a suscitare un'urgenza di ricordi, che solo affannosamente e dolorosamente avrebbe potuto evitare lo sfogo di un volume apposito. Di un libro che si sforzasse di fissare quei ricordi entro una storia unitaria e coerente, ordinando, attraverso la loro pubblicazione, ciascuna delle tessere del lavoro quotidiano che faceva Sciascia da Sellerio. Che si aggrappasse all'illusione impossibile che ogni libro contiene: fermare il tempo. Cioè commemorare Sciascia editore. E farlo in questi tempi strani in cui mentre più acuta si dimostra, col passare degli anni, la sua lungimiranza di visione e più eccezionale la dimensione del suo impegno di scrittore (*impegno* come si diceva una volta: di trasmettere idee e critiche, di offrire un lavoro di scrittura oltre l'intrattenimento) più sbadata risulta la bizzarra tentazione di metterlo in soffitta, di passarlo agli atti.

Così è nato questo volume.

Lo compongono, si direbbe usando il gergo moderno, gli scritti di Sciascia da copywriter, cioè da scrittore di tutte le parti non d'autore di un libro. Ma ne è premessa e orizzonte indispensabile a comprenderlo che Sciascia, per Sellerio, non fu solo questo: fu una specie di socio editore senza interessi finanziari nell'impresa, di direttore editoriale, di consigliere e di lettore, di amico, di consulente, di ufficio stampa e capo delle pubbliche relazioni, e finanche di persona esperta in questioni pratiche (come, per esempio, l'abbozzare una lettera di impegno, o redigere un rendiconto: non lo sapeva fare nessuno all'atto di nascita di questa casa editrice, e lui che lo sapeva perché lo aveva visto, glielo insegnò. O come preparare le «schede» per i venditori: i semplici testi di presentazione dei libri che i promotori portano di libreria in libreria per convincere i librai all'ordine commerciale). In una parola: fu lui a fissare lo stile che è rimasto alla casa editrice e che i lettori – ci sembra con forte evidenza – spesso riconoscono nei nostri tipi quasi più ancora che i titoli. E a dare quell'impronta nel trattare il libro – come opera dello spirito, come oggetto e come fine – che può definirsi con parola non azzardata un'etica. Ed il tutto in un'epoca – dalla fine dei Sessanta, il 1969, fino a quando visse, il 1989 – in cui, secondo una battuta, fare libri a Palermo si presentava, agli occhi delle brave persone ragionevoli, come coltivare fichidindia a Milano. Perché lo fece? Per meridionalismo? Oltre le etichette, lo fece certamente per salvaguardare o recuperare quella vena di vivacità e forza intellettuale originale posseduta da sempre dalla Sicilia, e che ogni ventata di antimeridionalismo pretende cancellare. Ma non certo per quello che si usa chiamare «amore per la Sicilia». La Sicilia chiamava il suo interesse, rappresentava spesso il suo rovello, costituiva per lui una metafora ricorrente: ma più che sentimento amoroso, la Sicilia gli suscitava una domanda appresa da Giuseppe Antonio Borgese e tante volte ripetuta: «come si può essere siciliani?». Lo fece, allora, volterrianamente, come se fosse stato a Parigi: e qualcosa di parigino, in verità la casa editrice aveva, e forse continua ad avere.

Sciascia frequentava regolarmente la casa editrice, con puntualità e impegno, benché nei ritagli di tempo. Ma forse sarebbe più preciso di «nei ritagli di tempo», dire nei tardi pomeriggi invernali, quando era a Palermo. Veniva, a volte, dopo una visita, un appuntamento, un incontro in centro. Più spesso era un collaboratore della casa editrice che andava a prenderlo a casa sua nel parco di Villa Sperlinga (e nel tragitto da casa con quel collaboratore, certe volte, si apriva una piccola inchiesta; si informava, a riprova di quanto volesse partecipare anche organizzativamente, delle cose che succedevano dietro le quinte giornaliere della casa editrice che lui non poteva vedere: perché, le cose, non andavano sempre come lui voleva). «Leonardo» (imparammo a chiamarlo così in sua assenza, contagiosamente) sceglieva titoli di collane – suo è lo splendido nome «La civiltà perfezionata» (che evoca qualcosa tra il metafisico, il modernismo e il rinascimento); suo «Il divano» (letture meridiane orientali-occidentali: e basta vedere i titoli raccolti allora per rendersi conto di quanto adeguato fosse il nome della serie); suo «La diagonale», saggi da leggere, divagazioni colte alla maniera della saggistica elegante del romanticismo: un'intitolazione come una dichiarazione d'intenti, a richiamare quanto vicino diventasse collegare due punti apparentemente lontani del pensiero, attraversandolo appunto in diagonale – ed è divertente ricordare che per rendere visiva la metafora, nella scheda destinata alla distribuzione, aveva fatto il paragone con la *diagonal* di Barcellona, la grande arteria che taglia la città, e qualcuno, con quella voglia che sempre c'era da parte di noi giovanissimi redattori di pescarlo magari in fallo, aveva rilevato, senza avere il coraggio di dirglielo, che, citando la *diagonal* di Barcellona, gli fosse sfuggita quell'altra diagonale, *Broadway* a New York. Come avrebbe reagito, Sciascia, se quel coraggio non fosse mancato? Perché un temperamento più incorreggibilmente lontano dall'America, una sensibilità più radicalmente europeo-continentale di quella di Sciascia è difficile da immaginare.

Sceglieva ovviamente libri e titoli di libri. E altre collane immaginò e non volle, per quel pessimismo invincibile che gli serviva a ridurre all'osso i progetti così come limitava il numero delle sue pagine («sempre più mi piace pubblicare piccoli libri come questo. Forse è che ad un certo punto della vita si vuole essere in pochi»: scrive nel risvolto del suo *La sentenza memorabile*), a smussare gli entusiasmi troppo accesi e, positivamente, a detestare ogni fanatismo. Ancora aleggia una collana, irrealizzata, dibattuta per anni: la collana «gialla», genere amato; ma nemmeno mai espressamente scartata, perché lo stesso pessimismo che lo tratteneva dall'entusiasmo editoriale, gli precludeva anche l'atteggiamento opposto, di negazione troppo definitiva. Sicché tanti progetti sono restati durevolmente sospesi per anni in casa editrice, di volta in volta rievocati, ridibattuti, ripresi o nuovamente abbandonati, quasi a mantenere idealmente oltre il tempo concesso la loro promessa, come l'*unending gift* della poesia di Borges, il quadro mai dipinto e mai consegnato benché annunciato, il regalo infinito: «se stesse lì, sarebbe col tempo una cosa in più, una cosa, una delle abitudini o vanità della casa; ora è illimitata, incessante, capace di qualsiasi forma e qualsiasi colore e non costretta in alcuno». E spesso, realizzati o semplicemente ideati, erano anticipazioni di tendenze culturali e di mercato che altri editori avrebbero praticato dopo, come testimonia, appunto, il successo di qualche anno dopo della giallistica. Oppure erano progetti del tutto naufragati, una specie di atto mancato rivelatore di qualcosa di lui e della sua scrittura, per esempio una antologia sulle «donne e gli scrittori siciliani», sul modello sperimentato con quello splendido *La noia e l'offesa*, antologia sul *Fascismo e gli scrittori siciliani* (di cui, qui, sono pubblicate le note introduttive redazionali). Aveva trovato i titoli, i temi, delle varie parti dell'antologia sulle donne: «la madre», «la moglie», «la sorella», «la lupa», etc., ma non poteva ricavare, tra quei modelli di donna, una parte contenente un'immagine leggiadra, non fosca, non esclusa, dal sapore di vita e non di morte – «la Natascia» si cominciò a dire allora, prendendo l'immagine da *Guerra e pace* di Tolstoi, cioè la donna che ha il diritto alla felicità. Ma questa donna non c'è nella letteratura siciliana. O almeno non si poté trovare. Un vuoto che non si poteva rappresentare senza giustificarlo e indicarlo come problema: senza parlarne. E Natascia, inavvertitamente come le cose che decadono da sole, separò per sempre il progetto dalla realtà.

Poi, nel 1979, venne la fondazione della collana «La memoria», cui aderì con iniziale ritrosia e prudenza (da siciliano sospettoso – avrebbe detto: della Sicilia araba dell'interno), ma che in gran parte impiantò letterariamente e il cui titolo inventò. La definiva una collana «amena», un eufemismo per intendere, in quegli anni che appena uscivano dalle esagerazioni dell'impegno e dall'iperbole, non tanto una restaurazione, un riflusso, quanto la ritrovata possibilità di divagare nel gusto e nello spazio letterario autonomo, tra testi di ogni tipo, alla ricerca non del frivolo o dell'estetizzante (niente di più lontano dal suo concetto di letteratura) ma del piacere del dialogo tra intelligenze («e diciamo intelligenza nel senso in cui si dice intelligenza col nemico») e del suo primato.

Fu un miracolo commerciale ed imprenditoriale, perché rappresentò l'innovazione di un prodotto. Erano anni in cui correvano libri diametralmente diversi, in tutto e per tutto, eppure «La memoria» ebbe un successo rapido e inatteso. Ed ebbe successo proprio come collana, non tanto perché vi comparissero best-seller. I lettori tendevano a possederne diversi numeri, a raccogliere la serie, ad affezionarsi. Divenne anche di moda, e basta, per accorgersene, sfogliare una rivista di arredamento dell'epoca, in cui se c'era da mostrare una libreria, un divano, volentieri l'oggetto destinato a simboleggiare quotidiano buon gusto era costituito da uno di quei libretti blu.

E in quell'occasione, Sciascia fu un vero imprenditore, partecipò cioè in modo decisivo a un'avventura da imprenditore, secondo quella definizione per cui l'imprenditore è colui che innova. Che si esprime attraverso l'invenzione di un prodotto. «La memoria» fu perciò anche il mezzo con cui si divertiva e si impegnava a far conoscere alcune idee ai lettori. «Uno dei più evidenti e gravi difetti della società italiana, e quindi di tutto ciò che – dalla cultura al costume – ne è parte, sta nella mancanza di memoria. Forse per la quantità eccessiva delle cose che dovrebbe contenere, la memoria si smarrisce, si annebbia, svanisce. Tutto sembra, come la rosa del poeta, vivere lo spazio di un mattino. E sarà magari perché si tratta di spinosissima rosa. Intitolare una collana letteraria *la memoria* presuppone questa considerazione di ordine generale»: una considerazione, c'è da dire a più di vent'anni di distanza, dolorosamente attuale ancora oggi, tanto da confermare la profondità di quel pessimismo, quella malinconia filosofica, tante volte fraintesa: nell'Italia dell'alleanza «dei furbi troppo furbi con i cretini troppo cretini», i «difetti più evidenti e gravi della società italiana» gli apparivano, per esperienza di vita e attenzione di riflessione, inestirpabili, come continuano a sembrare ancora oggi. Una consapevolezza che gli era congeniale come la struttura cognitiva attraverso cui filtrare ogni evento. Lui la consegnava, la sua malinconia filosofica, il suo pessimismo storico, in una scheda di presentazione della collana ai «venditori» per farla circolare con loro di libreria in libreria; e l'umiltà di questa attività di scrittura volta alla propaganda combinata all'alto scetticismo dell'illuminista non faceva cortocircuito, dimostrando quanto importante fosse per lui tenersi vicino al concreto processo di produzione in una casa editrice che considerava in qualche modo sua.

E idee faceva conoscere innanzitutto attraverso i libri stessi che proponeva al catalogo. In ciascuno di essi trovava un significato o una suggestione particolari, occasionali o generali che fossero, legati a un fatto recente o a una condizione generale. E sempre li includeva entro l'orizzonte della sua concezione della letteratura come fatto, oltre che artistico, civile, quasi a irretirli e farli partecipare di un proprio personale discorrere ininterrotto coi lettori. Soprattutto, questo accadeva mediante i «risvolti di copertina». In essi quella suggestione, quel significato si chiarificavano al lettore, in alcuni casi probabilmente anche a lui stesso, prendevano corpo e diventavano comunicazione, messaggio. E forse per il modo in cui nascevano essi conservavano nella loro rapidità l'andamento sinuoso, prima lento e poi improvvisamente risolutivo, di un pensiero che si fa, di un pensiero scritto senza un intelligibile scarto tra il suo concetto e la sua ideazione, tra il suo concepimento e la sua raffigurazione per iscritto, di un pensiero che imbocca avventurosamente e svagatamente una strada e poi trova una meta attraente verso cui dirigere e che forse valeva la pena di seguire: «fortunosamente e fortunatamente (voglio dire: con avventura e con fortuna)».

Era un'esperienza interessante e non facilmente dimenticabile osservare Leonardo Sciascia mentre scriveva un risvolto di copertina. Sfogliato il libro in bozze – ma a volte nemmeno questo: lo conosceva già, oppure rapiva la sua immaginazione appena il titolo o un ricordo connesso – con la sua grande stilografica, una Waterman con un enorme pennino d'oro, vergava placidamente su un foglietto il suo commento. E lo faceva con una scrittura lentissima e spigolosa e una velocità di composizione, al contrario, inimmaginabile. Per tutti i pochi istanti – minuti a volte di meno – non sollevava lo sguardo dalla penna, la penna dal foglio. Vi erano anche i risvolti che scriveva a casa sua, alla macchina da scrivere, ma quelli fatti in casa editrice nascevano tutti così. Non rileggeva mai quello che aveva scritto, e non lo correggeva nemmeno se un redattore osava (ma presto disimparammo quell'audacia) fargli notare un'imprecisione (del resto faceva così anche con le pagine più impegnative).

Così i risvolti restano anche in questo libro una parte dominante. Nel panorama dell'invenzione e dell'intelletto di Sciascia, sono brevi e rapidi lampi critici, pagine critiche. Ma della concezione della critica che Sciascia possedeva, figlia in fondo dell'idea che aveva delle cosiddette scienze umane. Scienze, se tali alla larga, discorsivamente le avrebbe definite, senza verità o semmai dotate della verità dello scettico, parziale, fuggitiva, incerta, ambigua, che opera «svelando e al tempo accrescendo il mistero» di cui si investe (lo dice Sciascia di se stesso a proposito dell'inchiesta «storica» sulla morte del poeta Raymond Roussel a Palermo nel 1933). Ad esse prestando probabilmente meno fede e meno interesse di quello che ama spesso definire «verità letteraria», di cui dà lui stesso indiretta definizione: «al rigore dello studio (sta parlando di un libretto di Lidia Storoni Mazzolani) unisce la qualità che pochi storici e filologi possiedono: la qualità dello scrittore, la capacità visionaria e fantastica di vivere col personaggio, coi personaggi». La verità, per lo scettico Sciascia, è letteraria, nel senso che non è lo «scienziato» a possederla: questi semmai ne svela e accresce il mistero, quando è capace di vivere con i personaggi su cui si interroga, siano essi esseri umani o concetti stessi, momenti storici, tipi ideali. E soprattutto non la svela, ma è colui che è capace, come Lidia Storoni Mazzolani, di indurre l'interlocutore a danzare, a coinvolgersi, con i personaggi che è capace di evocare, per via di visioni e forza fantastica. E tutto questo vale naturalmente per lui stesso. Le recensioni che Sciascia offre come risvolti di copertina, aprono dentro i libri percorsi originali, inattesi, bizzarri a volte, e nessuno mai risulta contenere di un libro una chiave, una spiegazione, una «verità» che non sia irretita da Sciascia in un «mistero» insieme svelato e accresciuto. «La chiave è dal portiere»: scrive in un risvolto che sembra una beffa uno sberleffo contro l'intento di separare un libro dalla sfera delle sue fluttuanti e infinite suggestioni, per assumerlo sotto la cappa della critica oggettiva.

E accanto ai risvolti, portanti sono, in questo libro, le pagine dedicate alle notizie che introducevano i brani antologici per i quattro volumi *Delle cose di Sicilia*. Era questa una raccolta di testi di ogni epoca e ogni provenienza sulla Sicilia – le istituzioni, la letteratura, i costumi, la società, in una prospettiva storica o antropologica: pagine preziose, per le quali Sciascia trovò un sottotitolo che gli suonava molto: *Testi inediti o rari*. Il titolo del libro stampato era ed è il derivato di una frase dell'antesignano di tutti gli storici di Sicilia: Tommaso Fazello: *De rebus siculis, decades duae*, del 1558. L'erudito Sciascia lo aveva selezionato come seconda scelta, per così dire. La prima scelta era invece un *Inventario siciliano*, un titolo poi andato a un volume di fotografie della Sicilia di Enzo Sellerio: era così infatti che amava lavorare e che coinvolgeva a lavorare intorno a sé, come se tutto fosse un'unica continua impresa, un unico continuo libro, scandito di tanti libri. Anche questo un tratto di cui la casa editrice conserva ancor oggi indelebile traccia. All'ex *Inventario siciliano* (che risulta con questo titolo ancor oggi, nella vecchia carpetta d'archivio) Sciascia si dedicò, si può dire da sempre – anche se l'edizione vera e propria si articola in meno di dieci anni –, poiché in esso confluiva, direttamente o indirettamente, tutto ciò che verosimilmente Sciascia riteneva, per conferma o contrasto, intuizione e piana razionalità, la fonte documentale della sua visione della Sicilia. Era dunque un lavoro erudito, esso raccoglieva tutto ciò che di interessante stimolante curioso o vero lo scrittore aveva letto o andava leggendo sulla Sicilia. E sono noterelle rapide, molto informative, che contengono in breve la ragione sottile del loro interesse. Interesse per Sciascia. E interesse che Sciascia pensava fosse di portata generale. Ci parlano dunque, a leggerle tutte assieme, di come Sciascia erudito si orientava a ricercare conferme nel suo sentire della Sicilia per poterla rappresentare in modo completo. «Chi volesse saperne di più, cerchi nel nostro libretto *Morte dell'Inquisitore*» dice a un certo punto in una di queste note: parla di Fra Diego La Mattina e del suo atto di fede, ma è difficile, posto quel riferimento così personale a se stesso e a una cosa scritta da lui, a cui il documento in questione fornisce in parte la fonte, non interpretare anche quel «chi vuol saperne di più» come un «chi vuol saperne di più su di me, sul mio modo di comporre»; come un invito a paragonare al documento l'opera propria, per vedere come quello si è trasferito in questa, come la narrativa ha trasfigurato la verità del documento, che vita gli ha dato, che orizzonte.

Ed è questo accostarsi a Sciascia e al suo mondo, in realtà, al suo modo di vedere le cose, il valore straordinario sotto il profilo filologico che questa raccolta possiede: un'opera del tutto inedita per chi conosce lo Sciascia scrittore. Malgrado sia la stessa la persona che scrive, malgrado che tenacemente comune è l'universo culturale e l'ispirazione poetica, qui non c'è lo Sciascia scrittore ma lo Sciascia redattore. Uno Sciascia, vorrebbe dirsi, che si fa mondano. Non parla al lettore, cioè a colui cui un libro e uno scrittore cercano di offrirsi nella loro *eternità*, ma parla a chi il libro lo sfoglia in libreria per comprarlo, al compratore che pesa il libro dai risvolti, dalle noterelle introduttive, dalle avvertenze e da quant'altro si apre all'attualità in cui il compratore è immerso, a quanto si connette al momento in cui il compratore è contemporaneo, a quanto è capace, se è capace, di annettere quell'attimo e dargli il proprio orizzonte di libro. «Da uomo che sa leggere il mondo attraverso i libri e i libri attraverso il mondo»: dice Sciascia di qualcuno, e lui, da copywriter si fa come colui che legge il libro attraverso il mondo, per complicità con chi si trova, il compratore, in quel momento in quel mondo.

Mondano Sciascia? Tutt'altro: tanto schivo in tutto, dalla postura alla smorfia dell'espressione. Ma tanto capace di essere legato al mondo da scegliere un epitaffio come questo: *Ce ne ricorderemo di questo pianeta*. La frase non è sua ma di Villiers de l'Isle-Adam. Ma l'averla scelta per il suo sepolcro, l'averla cioè saldata alla sua vita e ai suoi tempi, al senso finito di questi e di quella, è un'opera bellissima del suo ingegno. Tanta è l'ironia, tante sono le allusioni, tanti i fili di pensiero che si intrecciano intorno a quella frase se unita a quello che scrisse e che disse, e ai tempi in cui lo scrisse e lo disse. E forse intendeva dire quello che ogni grande pessimista direbbe: che questo mondo lo ha molto divertito perciò non potrà dimenticarlo. Ed è bello quindi ricordarsi di lui, mediante ciò che lui più faceva per divertimento. L'editore.

MAURIZIO BARBATO

Leonardo Sciascia scrittore editore
ovvero
La felicità di far libri

La civiltà perfezionata

Segnalibri

«La civiltà perfezionata», la prima collana di Sellerio destinata alle librerie, si presentava con le pagine intonse. E non prevedeva la stampa dei risvolti di copertina. Per accompagnarlo ai lettori, ogni volume era provvisto di un segnalibro in cartoncino adibito a presentazione volante: di stesura redazionale, o ricavata dalle *Introduzioni*, quando non era Sciascia a scriverla.

Leonardo Sciascia

L'affaire Moro

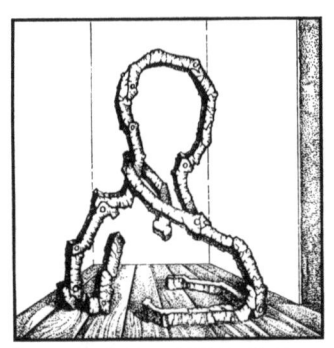

In copertina: incisione di Fabrizio Clerici

Di questo libro – non ancora pubblicato, non ancora letto – Eugenio Scalfari, su *la Repubblica* del 17 settembre 1978, ha scritto: «Sciascia è un grande scrittore. Sono convinto che quando leggeremo il testo del suo pamphlet ne resteremo, come spesso è avvenuto in precedenti occasioni, affascinati e commossi...». E Indro Montanelli su *il Giornale* del 23 settembre: «Il libro non è ancora uscito, e sulle sue qualità letterarie si può giurare ad occhi chiusi...». Ma è possibile che i due illustri giornalisti – e quanti altri si sono occupati di questo libro senza averlo letto – si sbaglino: e cioè che il libro non affascini, non commuova, non abbia qualità letterarie; che sia soltanto una nuda e dura ricerca della nuda e dura verità.

Leonardo Sciascia
L'affaire Moro

Di questo libro – non ancora pubblicato, non ancora letto – Eugenio Scalfari, su «la Repubblica» del 17 settembre 1978, ha scritto: «Sciascia è un grande scrittore. Sono convinto che quando leggeremo il testo del suo pamphlet ne resteremo, come spesso è avvenuto in precedenti occasioni, affascinati e commossi...». E Indro Montanelli su «il Giornale» del 23 settembre: «Il libro non è ancora uscito, e sulle sue qualità letterarie si può giurare ad occhi chiusi...». Ma è possibile che i due illustri giornalisti – e quanti altri si sono occupati di questo libro senza averlo letto – si sbaglino: e cioè che il libro non affascini, non commuova, non abbia qualità letterarie; che sia soltanto una nuda e dura ricerca della nuda e dura verità.

1978

Discendente di quel principe di Ligne (o di Ligny) che fu Viceré in Sicilia e da cui ereditò una collezione di coralli trapanesi che resta tra le più preziose, Charles-Joseph de Ligne scrisse circa quaranta volumi di memorie che pochissimi conoscono. Contemporaneo di Voltaire e di Casanova, che conobbe e frequentò e di cui ha lasciato indimenticabili ritratti, nei suoi ricordi si può dire tenga dell'uno e dell'altro: per libertà e libertinaggio, per spregiudicatezza, per acutezza di giudizio, per sapidità e chiarezza di stile. Questa che presentiamo — con il saggio a lui dedicato dal più grande critico francese dell'Ottocento come introduzione — è la prima antologia che si pubblica in Italia ~~ed è anche una~~ ~~delle più deliziose letture~~ degli scritti di Ligne.

Charles-Joseph de Ligne
Aneddoti e ritratti

Discendente di quel principe di Ligne (o di Ligny) che fu viceré in Sicilia e da cui ereditò una collezione di coralli trapanesi che resta tra le più preziose, Charles-Joseph de Ligne scrisse circa quaranta volumi di memorie che pochissimi conoscono. Contemporaneo di Voltaire e di Casanova, che conobbe e frequentò e di cui ha lasciato indimenticabili ritratti, nei suoi ricordi si può dire tenga dell'uno e dell'altro: per libertà e libertinaggio, per spregiudicatezza, per acutezza di giudizio, per rapidità e chiarezza di stile. Questa che presentiamo – con il saggio a lui dedicato dal più grande critico francese dell'Ottocento come introduzione – è la prima antologia che si pubblica in Italia degli scritti di Ligne.

1979

Paolo Maura, nato a Mineo nel 1638, con questo suo poemetto che si intitola La pigghiata (la cattura), si può considerare il primo narratore realista siciliano. Di uno scontato petrarchismo nelle altre sue poesie, nel raccontare in versi un drammatico momento della sua vita assume una originalità, una vivacità, una forza allora inconsueta alla poesia dialettale siciliana e ancora oggi con pochi esempi. E non è un caso, si canta del natio loco, che due scrittori anch'essi nativi di Mineo — Luigi Capuana e Giuseppe Bonaviri — l'abbiano a distanza di anni studiato e proposto.

Paolo Maura
La cattura

Paolo Maura, nato a Mineo nel 1638, con questo suo poemetto che si intitola *La pigghiata* (la cattura), si può considerare il primo narratore realista siciliano. Di uno scontato petrarchismo nelle altre sue poesie, nel raccontare in versi un drammatico momento della sua vita assume una originalità, una vivacità, una forza allora inconsueta alla poesia dialettale siciliana e ancora oggi con pochi esempi. E non è un caso di carità del natio loco che due scrittori, anch'essi nativi di Mineo – Luigi Capuana e Giuseppe Bonaviri – l'abbiano a distanza di anni studiato e proposto.

1979

Oscar Wilde
Il delitto di lord Arturo Savile

Questa traduzione del *Lord Arthur Savile's Crime*, pubblicata da Federigo Verdinois nel 1908, si ristampa, oltre che per l'umoristica e ironica sfaccettatura che offre di una credenza oggi in ritorno e in crescita, come pretesto a una rievocazione del soggiorno di Oscar Wilde a Napoli su cui finora nemmeno i biografi più attenti dello scrittore sembrano avere sufficienti informazioni.

1979

Stendhal
Racine e Shakespeare

«Nessuno dei suoi libri valse tanto alla celebrità di Stendhal a Parigi, quanto quello che più tardi Sainte-Beuve definì *l'ussaro del romanticismo*. Per chi sappia leggerlo, resta come l'opera più importante in cui egli abbia espresso le idee letterarie della sua maturità»: così Henri Martineau nel capitolo dedicato a *Racine e Shakespeare* del suo capitale studio su *L'oeuvre de Stendhal*. Tradotto da uno dei più appassionati stendhalisti italiani, accuratamente annotato, questo libro nato in Italia arriva finalmente al pubblico italiano.

1980

In una intervista Borges ha detto: "Io sono una invenzione di Callois". Questa battuta ~~può~~ paradossale valere a dare il senso di quanto estese siano le "invenzioni" di Callois: dalle piche ai mostri, dal romando poliziesco a Borges, dall'ortodossia marxista alla memoria. Delle sue tante "invenzioni", delle sue tante ~~rette~~ "trovature" (e lo diciamo anche nel senso magico che questa parola ha in Sicilia) questa è l'ultima, la più vicina alla vita, alla sua vita, poiché gli era vicina la morte. ~~E non si può meglio definire questo libro~~

Roger Caillois
Il fiume Alfeo

In una intervista Borges ha detto: «Io sono una invenzione di Caillois». Questa battuta paradossale può valere a dare il senso di quanto estese siano le «invenzioni» di Caillois: dalle pietre ai mostri, dal romanzo poliziesco a Borges, dall'ortodossia marxista alla memoria. Delle sue tante «invenzioni», delle sue tante «trovature» (e lo diciamo anche nel senso magico che questa parola ha in Sicilia) questa è l'ultima, la più vicina alla vita, alla sua vita, poiché gli era vicina la morte.

1980

Nicolò Tommaseo

Giovan Battista Vico e il suo secolo

In copertina: incisione di Aldo Pecoraino

Partendo da un breve scritto sul Vico pubblicato a Parigi nel 1835, Tommaseo venne elaborando in circa un decennio, attraverso altri scritti sparsamente pubblicati, questo appassionato saggio che nel 1872, nell'edizione Loescher, apriva il volume della *Storia civile nella letteraria*: libro pochissimo conosciuto, ma di cui si dovrebbe oggi tener conto. Ne tennero conto, riportandone alcune pagine, Pietro Paolo Trompeo e Petre Ciureanu (uno studioso romeno che al Tommaseo si era dedicato) che dalla sterminata opera di questo grande e ormai quasi dimenticato scrittore trassero, più di vent'anni fa, una vivace antologia.

Nicolò Tommaseo
Giovan Battista Vico e il suo secolo

Partendo da un breve scritto sul Vico pubblicato a Parigi nel 1835, Tommaseo venne elaborando in circa un decennio, attraverso altri scritti sparsamente pubblicati, questo appassionato saggio che nel 1872, nell'edizione Loescher, apriva il volume della *Storia civile nella letteraria*: libro pochissimo conosciuto, ma di cui si dovrebbe oggi tener conto. Ne tennero conto, riportandone alcune pagine, Pietro Paolo Trompeo e Petre Ciureanu (uno studioso romeno che al Tommaseo si era dedicato) che dalla sterminata opera di questo grande e ormai quasi dimenticato scrittore trassero, più di vent'anni fa, una vivace antologia. Ma vale la pena ripubblicare il saggio interamente, tanto ne sono attuali e proficui gli intendimenti con cui è stato scritto e che il Tommaseo all'inizio dichiara: «Raccogliere in ordine nuovo le sparse idee degli autori possenti per fecondità di pensiero; illustrare le oscure recandole in più usitato linguaggio, e deducendone nuove conseguenze; de' concetti men veri notare il difetto, e del difetto la scusa; compararli co' precedenti autori, e co' vissuti poi; far sentire la convenienza tra il cuore e l'ingegno, gli scritti e la vita...»: intendimenti in questo saggio pienamente – e godibilmente – raggiunti.

1985

Gianfranco Dioguardi
Viaggio nella mente barocca
Baltasar Gracián ovvero le astuzie dell'astuzia

Gracián chiamava Machiavelli «valiente embustero»: che sarebbe da tradurre «abile mentitore» o «valoroso», ma forse è meglio tradurre, più liberamente, «sublime impostore», considerando l'effettuale rapporto di discendenza e dipendenza dell'opera di Gracián da quella di Machiavelli. Ma in Machiavelli, giustamente osserva Giovanni Macchia, ci sono «i grandi eroici fantasmi della storia», mentre dietro Gracián «c'è il fosco pessimismo gesuitico, una volontà di potenza poggiata sulla malizia e sulla frode». E in fatto di pessimismo e – conseguentemente – di malizia, di dissimulazione, di ipocrisia, l'opera di Gracián si può dire contenga tutte le risposte, tutti i consigli che, nel difenderci e immunizzarci dalle altrui malizie, dissimulazioni e ipocrisie, ci mettono in condizione di più raffinatamente praticare le nostre: come un computer vademecum a ciò programmato. E non che non ci sia, in ciò, qualcosa in un certo senso di eroico. Forse questa specie di computerizzazione del pessimismo e delle «virtù» (fino al virtuosismo) che ne discendono, ha immediatamente interessato Gianfranco Dioguardi, che sui computer sa tanto da proporre nuovi sistemi di applicazione (ha pubblicato recentemente, nelle edizioni del «Sole 24 Ore», un saggio su *L'impresa nell'era del computer* che un esperto americano definisce di teoria che spiega la pratica e di pratica che precisa la teoria). Lo strumento prima che le «risposte». La mente di Gracián. La mente barocca – di maligno e in questo senso onnivero barocchismo – di Gracián. E da ciò il titolo di questo saggio (e dell'antologia che lo comprova): e come Hegel diceva delle «astuzie della ragione» e qualcuno dice, a proposito dei *Promessi sposi*, delle «astuzie della Provvidenza», qui siamo di fronte alle «astuzie dell'astuzia». Nulla di più barocco, di più estremamente barocco: il barocco che tanto si avventura nei labirinti della natura, in particolare della natura umana e delle sue più ardue espressioni da quasi anticipare il computer. Che è in sé – per quanto possa sembrare strano – «natura».

1986

Gianfranco Dioguardi
Il gioco del caso

Su quella che Paul Valéry chiama «la culla dell'elettricità» – una culla in cui, oggetto di sperimentazione ma forse anche metafora delle «magnifiche sorti e progressive», guizzava di morte una povera rana – insorgeva la controversia tra Galvani e Volta sull'elettricità animale; controversia di cui ha fatto una «novella storico-filosofica» Marcello Pera, in un libro (*La rana ambigua*) che davvero si legge come una novella, anche nel senso che la trasparenza del raccontare consente che vi si accampino, di ciascun lettore, soggettive impressioni e meditazioni: tra le quali, più immediate ed essenziali, e dunque più largamente condividibili, son quelle che il racconto tenda ad una rappresentazione esemplare dell'ingresso dello «hasard» e del «coup de dés» nel campo, per luogo comune considerato inviolabile, del metodo e della razionalità scientifica.

In tal senso va letta, crediamo, questa avventurosa ricerca di Gianfranco Dioguardi: e la si dice avventurosa perché vi trascorre un che di imprevedibile, quasi che la casualità e il giuoco, che ne sono i temi, la conducessero e definissero. Ma è da osservare che la sollecitazione del caso e l'andare come per giuoco, è per Dioguardi una specie di genere letterario, come si vede nei suoi due libri pubblicati in questa collana (altri, che attengono alla sua professione di ingegnere e di imprenditore, forse ne hanno qualche riverbero): quello su Ange Goudar, avventuriero del secolo XVIII cui le carte che scrisse meno arrisero di quelle del biribissi su cui passò e campò l'intera vita, e quello su Baltasar Gracián, moralista di nessuna morale e di trascendente malizia: libro in cui Dioguardi si è avventurato in un «viaggio nella mente barocca» del gesuita spagnolo con avvertita e sicura tempestività. Giuocatore di biribissi e di utopie finanziarie, Goudar; di altro e più arduo e più tenebroso giuoco, Gracián: ed è come se approdassero a quest'altro libro in cui l'intelligenza, nonché ritirarsi dal mondo per fare i suoi giuochi (come è stato detto), attraverso il caso, e il giuoco che giuoca e il giuoco che lo giuoca, si configura come l'intelligenza stessa del mondo.

1987

La memoria

Risvolti

«La memoria» deve a Sciascia il nome fortunato e di programmatica suggestione. Inizialmente i risvolti non distinguevano una rubrica con le notizie sugli autori, perché Sciascia si incaricava di fornire i dati necessari nell'ambito della contestualizzazione critica di ogni singolo libro.

Leonardo Sciascia
Dalle parti degli infedeli

Come *Morte dell'inquisitore*, *La scomparsa di Majorana*, e gli *Atti relativi alla morte di Raymond Roussel*, questo nuovo racconto di Leonardo Sciascia si muove su una scacchiera di documenti inediti (e sono, alcuni, documenti di estrema segretezza: al punto che la loro divulgazione comporta scomunica «maggiore») e ricostruisce una vicenda che si può dire esemplare. Esemplare per la storia italiana di questi ultimi anni, per i rapporti tra la Chiesa e la Democrazia Cristiana, tra la Chiesa di Pio XII e un suo vescovo «ribelle».

1979

Robert Louis Stevenson
Il diamante del Rajà

«Arbitro metafisico tra la virtù e la colpa», dice Emilio Cecchi (nel saggio che in appendice ripubblichiamo) del principe Florizel di Boemia, protagonista di questo racconto di Stevenson: ed effettivamente il personaggio si può considerare come il capostipite di quel tipo di investigatore che sarà poi il padre Brown di Chesterton e che avrà una numerosa e non sempre rispettabile discendenza nel genere poliziesco: l'investigatore che è portatore di quella che in teologia si chiama la grazia illuminante. Ma la storia del *Diamante del Rajà* è sopratutto un bellissimo, fantasioso, movimentato racconto: un piccolo classico nella nitida, «classica» traduzione di Carlo Linati.

1979

Lidia Storoni Mazzolani
Il ragionamento del principe di Biscari a Madama N.N.

Ignazio Paternò Castello, principe di Biscari, è una delle figure più rappresentative della cultura siciliana nel secolo XVIII, e specialmente per quanto attiene la scienza che allora si diceva «antiquaria» e oggi archeologica. Tra le tante sue opere, questo breve *ragionamento sopra gli antichi ornamenti e trastulli de' bambini* è forse la più gustosa e suggestiva: tanto da dare occasione a Lidia Storoni Mazzolani di muovere un altro *ragionamento*, un bellissimo saggio, su questo aspetto del mondo antico, come solo lei – di cui ricordiamo libri come *Sul mare della vita* e *L'impero senza fine* – sa scriverne.

1980

Anatole France
Il procuratore della Giudea

Anatole France pubblicò questo racconto nel 1902. Da allora, e fino agli anni Venti, ha avuto un destino di splendido isolamento: edizioni numerate, rare, ornate di incisioni originali, tipograficamente perfette. È un isolamento che il racconto merita e che continuiamo a dargli presentandolo nella traduzione di Leonardo Sciascia a un pubblico più vasto. È – come dice Sciascia – un apologo e un'apologia dello scetticismo: forse particolarmente salutare in un momento in cui muoiono le certezze al tempo stesso che di certezze si muore.

1980

Voltaire
Memorie

Queste *Mémoires pour servir à la vie de M. de Voltaire, écrits par lui-même* si trovano nel settantesimo, ed ultimo, volume della edizione di Kehl (pubblicato nel 1789). Sono state successivamente pubblicate col titolo di *Vie privée du roi de Prusse* (1914), ma mai tradotte in italiano. In effetti, più che «memorie» sono una «memoria»: in un senso, per così dire, giudiziario – per servire al giudizio dei contemporanei e dei posteri sui rapporti tra Voltaire e Federico II di Prussia. Ma scritta, questa «memoria», con la vivacità, la rapidità, lo spirito, la malizia del miglior Voltaire.

1980

Ivàn Turghèniev
Lo spadaccino

Scritto tra il 1846 e il 1847, questo racconto di Turghèniev si può considerare il più evidente esempio dell'affermazione di Ortega che la consistenza di un'opera letteraria o artistica è nella somma dei punti di vista di coloro che ne hanno fruito e che ne fruiscono. *Lo spadaccino* è infatti, al tempo stesso, il racconto scritto da Turghèniev più di centotrenta anni fa e quale i suoi contemporanei lo lessero – il ritratto di un micidiale imbecille – ma è anche il racconto che noi leggiamo: torbido, pieno di sottintesi e di ambiguità, di indecifrate e decifrabilissime passioni e vocazioni, di indecifrati e decifrabilissimi istinti.

1980

Il romanzo della volpe

Renardo, cioè la volpe protagonista di questo «romanzo» è, – come dice Salvatore Battaglia che impareggiabilmente l'ha tradotto – «il genio stesso dell'avventura: essa è per lui un istinto naturale, inconscio, lirico per se medesimo... uno slancio continuo verso la vita e l'azione, e nello stesso tempo un assiduo ritorno alla propria natura solitaria e disperata... Renardo è il primo *picaro* dell'arte moderna».

1980

Alberto Moravia
Cosma e i briganti

Pubblicato a puntate sul settimanale «Oggi» dal 26 ottobre al 6 dicembre 1940, questo racconto lungo di Moravia appartiene a quella sua felice vena di racconti di intreccio o – per usare un suo titolo – d'*imbroglio*. D'*imbroglio*, si capisce, magistralmente seguito e dipanato; e cioè inventato con divertimento e con divertimento raccontato e risolto. Una vena forse non molto privilegiata da tutti i suoi lettori, ma certamente cara ai più vecchi e fedeli. Riproponendolo isolato, e col titolo che ebbe allora, appunto si vuole richiamare l'attenzione dei lettori, e specialmente dei più giovani, su questo modo di raccontare, spinto sin quasi al gioco di una libera e trasparente fantasia, di cui Moravia sa sempre dare prova. È da notare che pubblicandolo poi in volume, lo scrittore ha apportato non pochi ritocchi e ha del tutto eliminato l'artificio – comprensibile per quegli anni – di localizzarlo in un paese dell'Europa orientale.

1980

Napoleone Bonaparte
Clisson ed Eugénie

Nella *Nuova enciclopedia*, alla voce «letterati», Alberto Savinio dice: «Napoleone diventò quello che tutti sanno, ma non riuscì a diventare quello che nel suo intimo desiderava: un letterato. Comincia a quindici anni... Scrive un piccolo romanzo: *Clisson et Eugénie*. Scrive un dialogo: *Le souper de Beaucaire*. E quando non scrive si propone di scrivere, come nel proclama ai soldati dopo Waterloo: "Se ho consentito a sopravvivere, è per servire ancora la vostra gloria. *Scriverò* le grandi cose che abbiamo compiuto assieme". E quando non scrive egli stesso, fa scrivere ad altri, come a Sant'Elena. In una confessione sincera dei suoi desideri riposti, Napoleone avrebbe scambiato Arcole, Wagram, Austerlitz per un'opera letteraria che sfidasse i secoli... Acque bastanti il Rodano non ha, per lavare il letterato delle sue colpe: delle sue *invidiate* colpe».

Sarebbero dunque i tiranni dei letterati mancati? E lo fu Bonaparte? La risposta la troveremo in queste pagine giovanili, forse. Ma se letterato è, come dice Savinio, «colui che sa e fa professione di sapere», mai Napoleone fu così compiutamente letterato come quando, su un quaderno di scuola, annotò semplicemente: «Sant'Elena, piccola isola».

1980

Leonardo Sciascia
Atti relativi alla morte
di Raymond Roussel

Questo racconto-inchiesta è stato pubblicato nel 1971, ha avuto dalla critica – non soltanto italiana – un vasto ed entusiastico consenso, è stato ristampato nel 1977: ma resta, tra i libri di Sciascia, il meno conosciuto. Tradotto subito in francese, ha appagato i *rousselatres* svelando (e al tempo stesso accrescendo) il mistero di quella morte a Palermo, nel vecchio e famoso albergo delle Palme; ma sarebbe del tutto ingiusto lasciare un simile racconto nella sfera del culto tributato a Raymond Roussel. Si tratta proprio di un racconto, e tra i più interessanti che Sciascia abbia scritto.

1979*

---

* Questo volume, stampato nel 1979 come numero 1 della collana «La memoria», venne di fatto pubblicato nel 1980 come numero 10 della stessa collana.

Daniel Defoe

La vera storia
di Jonathan Wild

Che cosa differenzia la razionalità imprenditoriale per cui si istituiscono la Compagnia dei Mari del Sud (1711) e quella dei Lloyds (1727) dalla impresa in cui Wild (impiccato nel 1725) tenta di organizzare la malavita londinese? In Wild, Defoe scopre che la legittimazione si può raggiungere attraverso la trasgressione... Il personaggio reale Wild diventerà figura letteraria nelle pagine di Fielding, Gay e, attraverso quest'ultimo, di Brecht, assumendo dimensione metaforica, eroica e eroicomica. È un'ambizione da cui Defoe si ritrae e, mosso da altre curiosità, ricostruisce e attesta i *fatti*. Fatti che si possono assomigliare ad altri, a noi vicini.

1980

---

* In questo risvolto di copertina Leonardo Sciascia riprende alcuni passi della postfazione di Attilio Carapezza e aggiunge le parole conclusive: «Fatti che si possono assomigliare ad altri, a noi vicini».

Che cosa differenzia la razionalità imprenditoriale per cui si istituiscono la Compagnia dei Mari del Sud (1711) e quella dei Lloyds (1727) dalla impresa in cui Wild (impiccato nel 1725) tenta d'organizzare la malavita londinese?

In Wild, Defoe scopre che la legittimazione si può raggiungere attraverso la trasgressione... Il personaggio reale Wild diventa la figura letteraria nelle pagine di Fielding, Gay e, attraverso quest'ultimo, di Brecht, assumendo dimensioni metaforica, erotica e erocomica. È un'andatura da cui Defoe si ritira e, mosso da altre curiosità, ricostruisce e attesta i fatti. Fatti che si possono assomigliare ad altri, a noi vicini.

Héctor Bianciotti
La ricerca del giardino

«Unico ed autentico erede del gran Borges», dice «Le monde» di Héctor Bianciotti: ma il giudizio è da assumere in una sfera di sottili, anche se sicuri e tenaci, rapporti. È evidente che, come Borges, Bianciotti è uno degli scrittori sud-americani più «europei». Nato a Cordoba, la Cordoba argentina più «lejana y sola» di quella spagnola, Bianciotti ha subito risposto al richiamo dell'Europa: a Roma nel 1955, successivamente a Madrid e ormai da anni definitivamente a Parigi, dove lavora alle edizioni Gallimard ed è critico letterario del «Nouvel Observateur». Con questo libro, che è il primo pubblicato in Italia, ha vinto nel 1977 il premio Médicis.

1980

John M. Synge
Le isole Aran

Nel 1934 Robert Flaherty, uomo di cinema che era rimasto estraneo alla produzione industriale e che aveva collaborato al *Tabu* di Murnau, realizzava un film documentario avvincente quanto il più drammatico film a soggetto, *L'uomo di Aran*. Rivisitati in immagini di assoluta purezza e intensità, erano i luoghi e gli uomini che John Millington Synge aveva rappresentato, circa trent'anni prima, in questo libro. Andatoci per consiglio di Yeats, dalla Parigi fine secolo in cui si era stabilito, Synge aveva trovato nelle isole Aran la fonte, reale e visionaria insieme, della sua ispirazione: e questo libro è come il preludio alla sua opera drammatica.

Particolare non trascurabile: vi era andato, nelle isole, anche per apprendere il gaelico: una lingua che è un mondo quasi ai confini del mondo. Così, fortuitamente ma non gratuitamente, possiamo fare un cauto riferimento a Borges.

1980

Rex Stout
Due rampe per l'abisso

In quel suo vasto e attento studio sulla *Tecnica del romanzo novecentesco,* Joseph Warren Beach dice di questo libro: «Rex Stout, pur inserendo una considerevole vicenda nelle meditazioni retrospettive del protagonista, limita tuttavia in un modo particolarmente interessante le circostanze in cui quelle meditazioni hanno luogo. Il personaggio sta salendo le scale per raggiungere un appartamento dell'ultimo piano. Gli stadi della salita sono indicati da brani in corsivo messi in testa a ciascuno dei sedici capitoli, e quello che accade all'arrivo viene sbrigato brevemente alla fine del sedicesimo. Il corpo di ciascun capitolo consiste di quella parte della vicenda che il personaggio ripensa durante un breve tratto della salita. In tal modo tutta la vicenda passa per la sua mente nel breve tempo richiesto per salire quelle scale. È un'impresa tecnica molto interessante...». Rex Stout è lo scrittore dei *gialli* con Nero Wolfe protagonista. Questo suo romanzo, del 1929, precede la sua attività di *giallista* e forse ne è (la parola cade in taglio) il movente: per l'insuccesso che allora ebbe. Ingiusto insuccesso, come ogni lettore sarà in grado di giudicare.

1980

Fjòdor Dostojevskij
Il villaggio di Stepàncikovo

A parodia del famoso *incipit* di un capitolo dei *Promessi sposi* – «Carneade! Chi era costui?» – nel recente racconto di uno scrittore italiano corre ad un certo punto la domanda «Fomà Fomíč! Chi era costui?»; e vi si svolge una grottesca ricerca dell'identità del personaggio. Che è poi il protagonista di questo «romanzo umoristico» di Dostojevskij, ma assunto dallo scrittore italiano a prefigurazione, premonizione e simbolo dello stalinismo. Il libro è del 1859. Probabilmente, Dostojevskij lo scrisse a caricaturare uno di quei letterati inconclusi e inconcludenti, prepotenti ipocriti e parassiti della società aristocratico-borghese della provincia russa, che non mancavano nel suo tempo come non mancano nel nostro. Ma crediamo valga la pena di provare a leggerlo nella chiave del *senno del poi*, a fronte degli avvenimenti tragicamente grotteschi o grottescamente tragici che l'intolleranza ha generato dal suo secolo al nostro.

1981

Gesualdo Bufalino
Diceria dell'untore

Nel 1946, in un sanatorio della Conca d'oro – castello d'Atlante e campo di sterminio – alcuni singolari personaggi, reduci dalla guerra, e presumibilmente inguaribili, duellano debolmente con se stessi e con gli altri, in attesa della morte. Lunghi duelli di gesti e di parole; di parole soprattutto: febbricitanti, tenere, barocche – a gara con il barocco di una terra che ama l'iperbole e l'eccesso. Tema dominante, la morte: e si dirama sottilmente, si mimetizza, si nasconde, svaria, musicalmente riappare. E questo sotto i drappeggi di una scrittura in bilico fra strazio e falsetto, e in uno spazio che è sempre al di qua o al di là della storia – e potrebbe anche simulare un palcoscenico o la nebbia di un sogno... «Ingegnoso nemico di se stesso», finora sfuggito a ogni tentazione e proposta di pubblicare, uomo, insomma, *che ha letto tutti i libri* senza cedere a pubblicarne uno suo, Gesualdo Bufalino – professore a Comiso, oggi sessantenne – è con questa *Diceria* al suo primo libro. Scritta negli anni, come lui dice, «della glaciazione neorealista», questa *contemplazione* viene alle stampe in un tempo meno gelido, più sciolto e più libero perché sia giustamente apprezzata.

1981

Wolfgang Goethe
Incomincia la novella storia

Nell'agosto del 1792, il duca di Weimar, comandante di un reggimento di corazzieri prussiani che muove alla guerra contro la Francia rivoluzionaria, invita Goethe a seguirlo. Forse non di buona voglia, lo scrittore affronta l'esperienza dei disastri della guerra, compreso il disastro della sconfitta. Il vistoso e ben ordinato esercito dalla cui parte sta Goethe è infatti sconfitto dal cencioso e disordinato esercito della rivoluzione: a Valmy, il 20 settembre del 1792. Trent'anni dopo, Goethe pubblica questa *Campagne in Frankreich* (*La campagna di Francia*) a cui noi abbiamo dato altro titolo, tratto dal *Ça ira* di Carducci: «E da un gruppo d'oscuri esce Volfango / Goethe dicendo: Al mondo oggi da questo / Luogo incomincia la novella storia»; affermazione probabilmente fatta col senno del poi, anche se Goethe tenne a darla come una profezia. Ma col senno del poi o no, ci voleva il senno di Goethe a farla anche trent'anni dopo.

Nella recente biografia di Goethe, di Italo Alighiero Chiusano, di questo libro si dice che è di «un corrispondente di guerra perfetto»: racconto di fatti, resoconto di cose viste, commenti e considerazioni personali ridotti al minimo.

1981

Alessandro Manzoni
Storia della Colonna Infame

Il culto del Manzoni in Italia – un culto del tutto esterno e prevalentemente scolastico, con quel tanto di avversione verso i testi che la nostra scuola sa generare nell'affermarne la necessità, l'obbligo e la sacralità – non ha impedito che la *Storia della Colonna Infame* restasse tra le opere più ignorate della nostra letteratura. Definita romanzo-inchiesta da uno dei suoi critici più sagaci, moderna e attuale nella materia e nella forma, avvincente e inquietante, questa piccola grande opera è conosciuta da non più di uno su cento italiani mediamente colti e da non molti «intellettuali». Per tante ragioni: e non ultima quella per cui oggi il Parlamento restaura il fermo di polizia e l'opinione dei più inclina al ritorno della pena di morte, senza dire delle leggi speciali nei riguardi del terrorismo per cui la semi-impunità ai «pentiti» ripropone l'analogia che il Manzoni stabilisce tra tortura e promessa di impunità.

1981

Max Aub
Delitti esemplari

Max Aub (padre tedesco, madre francese, nato a Parigi nel 1903, emigrato in Spagna nel 1914, tre anni – dal '39 al '42 – nei campi di concentramento francesi, dal 1942 emigrato in Messico), è tra gli scrittori spagnoli di questo secolo uno dei meno conosciuti in Italia. Un suo solo libro è stato finora tradotto: la biografia di un pittore mai esistito, Jusep Torres Campalans, che però più che come «ritratto immaginario» di un pittore e di un'epoca è stata letta come scherzo e beffa. E non che scherzo e beffa non sia, se tanti si sono ricordati di avere conosciuto questo mai esistito pittore: però nel libro altre cose si vedono o si intravedono.

Ma per una migliore conoscenza dell'opera di Max Aub è forse meglio cominciare da questi *Delitti esemplari*: che sono quelli che quotidianamente, in intenzione, si commettono e che Aub, trasportando la realtà nella surrealtà, dà per consumati: con lampeggiante fantasia, con davvero esemplare rapidità e leggerezza. Le antipatie, le insofferenze, gli insopportabili incontri della giornata di ognuno sfogati e liberati in delitti senza castigo.

1981

Irene Brin
Usi e costumi
1920-1940

Nell'«Omnibus» di Longanesi, il settimanale più intelligente e meno conformista che sia stato pubblicato negli anni del fascismo, alla pagina intitolata «giallo e rosso», tra l'articolo di critica drammatica di Alberto Savinio e quello di critica musicale di Bruno Barilli, stava l'articolo di Irene Brin. Erano *cose viste*, raccontini, registrazioni di conversazioni e di piccoli avvenimenti in margine ad avvenimenti più grandi sul piano di una cronaca apparentemente svagata ma effettualmente attenta e pungente, si trattava dello stesso mondo, della stessa società, che Moravia ritraeva nei suoi romanzi e racconti: il mondo borghese e burocratico della capitale (e perciò il giallo e il rosso, i colori romani).

Questo libro, pubblicato nel '44 e pochissimo conosciuto, non è la raccolta di quegli articoli, anche se nasce da essi: è una specie di dizionario delle mode, dei luoghi comuni, delle idee allora correnti: un ritratto del costume italiano tra le due guerre maliziosamente articolato e di una finezza, di una sottigliezza, di un brio che si possono dire settecenteschi.

1981

Maria Messina
Casa paterna

Pubblicata, tra il 1909 e il 1928, da editori come Sandron e Treves, recensita con attenzione da Giuseppe Antonio Borgese, Maria Messina è stata finora dimenticata anche nel fervente recupero della letteratura femminile e femminista che si è avuto in Italia negli ultimi anni: a parte i due racconti sull'emigrazione, presentati come questi tre da Leonardo Sciascia, nel volume *Partono i bastimenti* pubblicato lo scorso anno da Mondadori.

«Una scolara del Verga» la definì Borgese sui due suoi primi libri, nel 1910. A più sicura ragione possiamo oggi definirla una scolara di Cecov: così come lo è la sua coetanea Katherine Mansfield. Non soltanto coetanea, ma intimamente vicina nel cogliere gli aspetti della realtà quasi impercettibili e però decisivi, le impressioni sfuggenti e però indelebili, i destini, come diceva Borgese, «cui manca perfin la forza di gemere». E insomma: una Mansfield siciliana.

1981

Nikolàj Gògol
Il Vij

In una nota a questo racconto, Gògol spiega: «Il Vij è una colossale creazione della fantasia popolare. Con tal nome si chiama presso i Piccoli Russi il capo dei gnomi, i cui occhi hanno palpebre che arrivano fino a terra. Tutto questo racconto è una tradizione popolare. Io non ho voluto alterarla in nulla e la racconto quasi con la stessa semplicità di come l'ho sentita». Ma si badi al quasi: in cui si contiene quel che una popolana siciliana diceva a uno studioso del folclore: «niente è il racconto, tutto sta nel come si porta». E Gògol *lo porta* impareggiabilmente, e specialmente nel calare il meraviglioso, l'inverosimile, il trasumano nella realtà sordida e famelica di un seminario, sicché l'orrore del Vij sembra diventarne parte.

1981

Andrzej Kuśniewicz
Il Re delle due Sicilie

Siamo nell'area – e nell'aura – del mito absburgico: crepuscolare, nostalgico, di trasfigurata decadenza. Il mito in questi anni riscoperto attraverso Roth e gli altri scrittori austriaci degli anni Venti e Trenta. Più periferico e tardivo, Andrzej Kuśniewicz se ne distacca e distanzia: Shulz e Gombrowicz gli sono più vicini di Werfel e di Roth.

Il Re delle due Sicilie (nome di un reggimento che ricorda, non del tutto gratuitamente, quello del reggimento cui appartiene il Lucien Leuwen di Stendhal) è un romanzo complesso e sorprendente, salutato dalla critica francese come un capolavoro. Kuśniewicz, nato nel 1904, l'ha pubblicato nel 1970, ottenendo in Francia il premio Séguier.

1981

Francisco Vásquez
La veridica istoria di Lope de Aguirre

Ispirato a questa cronaca di Francisco Vásquez, il film di W. Herzog è tra i migliori e di più vasto successo che il nuovo cinema tedesco abbia prodotto. Ma la cronaca, nella sua immediatezza e secchezza, non è meno suggestiva del film. Racconta la storia di Lope de Aguirre che, ribellatosi al governatore spagnolo durante una spedizione verso il mitico Eldorado, crea un nuovo stato proclamandosene capo e muove contro il viceré del Perù: ma è sconfitto, condannato, pubblicamente squartato. La sua vicenda precorre i movimenti di affrancamento e di indipendenza delle colonie americane e la sua figura si fa simbolo di una rivoluzione non ancora compiuta – e non soltanto nel mondo latino-americano.

1981

Neera
L'indomani

Neera (pseudonimo oraziano di Anna Radius Zuccari, nata a Milano nel 1846, morta nel 1916), in una lunga lettera autobiografica a Luigi Capuana, dice di sé: «non apparterrò mai a nessuna scuola, non seguirò mai nessun metodo, resterò sempre troppo realista per gli uni, troppo sentimentale per gli altri». Rivolta al caposcuola del verismo, è una bella affermazione di indipendenza – ed anche una esatta previsione, pure se nel tempo il giudizio di «troppo sentimentale» è prevalso.

Il racconto che riproponiamo, crediamo apra la possibilità di leggerla senza i due «troppo»: nel giusto tra realtà e sentimento. E valga quest'altra sua dichiarazione, a prima vista sorprendente: «il libro dei libri, la scoperta che feci un giorno nella libreria di casa, il caro volume gualcito, ruvido, chiazzato, segnato, baciato è il *Viaggio sentimentale* di Lorenzo Sterne. Io amo quel libro come una persona...».

1981

Sofia Guglielmina margravia di Bareith
Il rosso e il rosa

Delle *Memorie* di Voltaire, pubblicate tra i primi numeri di questa collana, Savinio scriveva:

«Federico di Prussia si è meritato dai posteri e dagli stessi suoi contemporanei il titolo di "grande". Voltaire per parte sua fu un letterato impeccabile e una delle menti più ordinate del suo e di tutti i tempi. Eppure, quando questi due uomini si mettono insieme, compongono uno degli episodi più ridicoli e miserevoli dell'intera storia dei rapporti umani. Che segno è questo?». È il segno per cui, a questa ampia scelta delle memorie della margravia di Bareith (che è poi la wagneriana Bayreuth), abbiamo dato un titolo parodisticamente stendhaliano. Il rosso di un militarismo che arriva alla bestialità, il rosa dell'omosessualità che in quel bestiale rigore trascorre. E non che la margravia, sorella del «grande» Federico, faccia parola del *rosa*: ma nella sua vivissima rappresentazione della vita familiare e di corte se ne possono trovare gli indizi, le spiegazioni; che è poi possibile anche, col senno del poi, riportare alla Germania di Adolfo Hitler.

1981

Giuseppe Vannicola
Il veleno

Nelle storie letterarie del novecento, anche in quelle che sembrano le più informate e accurate, è difficile trovare traccia di Giuseppe Vannicola. Anche nei saggi sulle riviste letterarie nate intorno alla prima guerra mondiale e nelle antologie che ne danno ragguaglio, di Vannicola non si trova nemmeno il nome. Eppure è una personalità di rilievo e complessa, e appunto attraente per la sua complessità e diversità, inquieta e inquietante.

In una collana che s'intitola alla Memoria, ci pare di compiere un atto di giustizia ricordando Vannicola almeno con questo racconto che dà misura di una eccentricità che in un certo senso prelude alla grande eccentricità di Pirandello.

1981

Marco Ramperti
L'alfabeto delle stelle

Secondo Edgar Morin, che al fenomeno del divismo ha dedicato uno studio, le prime «stelle» compaiono, tra il 1912 e il 1914, nel cinema italiano: Lyda Borelli, Francesca Bertini. Spunta poi, meno dannunziana, più familiare e casalinga, Mary Pickford: stella di un mattino destinato a durare nel cinema americano. Ma contemporaneamente trova acclimatazione in America la «star» dannunziana e fataleggiante del cinema italiano: e la prima ha un nome che a noi italiani suona alquanto sinistro, Teda Bara. Questi due tipi di «stars» sono destinati a coesistere lungamente: la «vamp», la casalinga.

Ma gli anni in cui il culto delle «stars» diventa un fenomeno sociale, accortamente coltivato dall'industria cinematografica americana e non trascurato dalla concorrenza europea, sono quelli che vanno dall'avvento del parlato alla seconda guerra mondiale. I funerali di Rodolfo Valentino («il fidanzato del mondo») hanno dato misura del fenomeno: e l'industria dispiega sul mondo tutto un firmamento di stelle e stelline. Per gli uomini, per le donne, per tutte le età, per tutti i gusti. In questo campionario, pubblicato da

Marco Ramperti, critico cinematografico, nel 1936, troviamo soltanto le dive: per come si addiceva alla società italiana di allora. Con una scrittura di persistente dannunzianesimo ma lampeggiante di «greguerias» alla Ramón Gómez de la Serna (autore, in quegli anni, di un estrosissimo libro sui seni), Ramperti ci dà la testimonianza più diretta del rapporto – non dissimile da quello del don Ferrante manzoniano con le stelle vere – che una generazione ebbe con le stelle del cinema.

1981

Massimo Bontempelli
La scacchiera
davanti allo specchio

Sarebbe da inventariare il posto e il ruolo che gli specchi hanno nella letteratura, e specialmente dall'*Uno nessuno centomila* di Pirandello in poi. Ma anche annoverà, la letteratura, scacchiere e partite a scacchi allusive, simboliche, reali e surreali da tenere in conto: memorabile, e quasi sconfinante nella recente cronaca di una partita campionale, quella del *Nostro agente all'Avana* di Graham Greene.

In questo racconto di Bontempelli, scritto per i ragazzi ma godibile ad ogni età, abbiamo specchio e scacchiera: e con effetti visuali e fantastici tra i più alti raggiunti dal suo «realismo magico». Definizione, questa del «realismo magico», approssimativa, come tutte le definizioni che vogliono essere concise e rapide, ma non infondate a rendere la capacità di Bontempelli ad assumere spazio, tempo ed oggetti in una sfera (e pensiamo alla sfera di cristallo dei veggenti) appunto magica e visionaria.

1981

Leonardo Sciascia
Kermesse

Sei anni fa, in campagna, guardando il sole che tramontava dietro nuvole che sembravano tratti di penna – un po' spento, un po' strabico, come ingabbiato – qualcuno disse: «Occhio di capra: domani piove». Non lo sentivo dire da molti anni. Annotai l'espressione su un foglietto; e così ogni volta – da allora – che ne sentivo o ne ritrovavo nella memoria altre di uguale originalità e lontananza. Foglietto su foglietto, le «voci» hanno fatto libro: esile quanto è (e quanto si vuole), ma per me «importante». Da un certo punto di vista lo si può magari considerare, come ora si dice in accademia, un lavoro «scientifico»: per me lo è, ma di quella «scienza certa» che è l'amore al luogo in cui si è nati, alle persone, alle cose, alle parole di cui la nostra vita, nell'infanzia e nell'adolescenza, si è intrisa.

Leonardo Sciascia

1982

Max Beerbohm
Storie fantastiche
per uomini stanchi

Parlando di Max Beerbohm, Emilio Cecchi diceva: «Sta il fatto che quella dell'umorista vero, è un'arte che esige infinite cose da ricordare, esperienze profonde e innumerabili, e giuoca sulle vestigia di molte epoche e passioni del cuore e del mondo». E non si può dire che sull'umorismo e sugli umoristi ci siano idee chiare; c'è anzi molta confusione, un attruppamento pieno di disparità e di incertezze. Umoristi sono Cervantes, Dostojevskij, Pirandello, Brancati, Campanile; e umorista è Beerbohm. Ma secondo la definizione che Cecchi dà del vero umorista.

Si può aggiungere, stante la poca conoscenza che in Italia si ha di Beerbohm, che per il ritmo indiavolato dei suoi racconti, il fuoco d'artificio delle sue invenzioni, ci si può richiamare fondatamente a un grande e celebre maestro del cinema: il Clair del *Milione*, dei *Tetti di Parigi*, di *Accadde domani*.

1982

Michele Amari
Racconto popolare
del Vespro siciliano

Nel 1882, celebrandosi il sesto centenario del Vespro, Michele Amari, che da quarant'anni lavorava su quell'avvenimento e preparava la nona (di fatto undicesima) edizione della sua *Storia della guerra del Vespro* in tre volumi, più uno di testi sincroni, volle per un pubblico più vasto scrivere una sintesi della grande opera, un *racconto*. La scrisse, evidentemente, di getto: come, appunto, un racconto.

Già della prima edizione palermitana della *Storia*, nel 1842, Pietro Giordani aveva parlato come di un libro «bellissimo, anzi stupendo», scritto «con molta sapienza e vigoroso stile»: e si può dire che queste qualità trovano esaltazione nell'essenzialità del racconto di quaranta anni dopo. Spogliata della necessaria inaccessibilità che è propria all'opera dello storico, la storia del Vespro vi assume lo splendore della fantasia (e stiamo ripetendo un giudizio di Elio Vittorini su Michele Amari). Una storia «vera» (e ancora facciamo richiamo alla nota di Vittorini sulla *Storia dei musulmani*) quasi indistinguibile da una storia «inventata».

1982

Teresa d'Avila
Libro delle relazioni e delle grazie

Una corrente di letteratura *a lo divino* attraversa la Spagna del secolo XVI. La sorgente ne è il *Cantico dei cantici*. Un secolo dopo, Voltaire definirà il *Cantico dei cantici* «una canzone degna di un corpo di guardia di granatieri» (non finemente, bisogna ammettere); ma per Juan de la Cruz e Teresa d'Avila, la *divinizzazione* del *Cantico* è un processo esegetico del tutto ovvio e diventa punto di partenza per una conversione *a lo divino* di ogni elemento letterario profano, e specialmente della poesia amorosa di ascendenza petrarchista. Questi due grandi spiriti, dice Damaso Alonso, nella loro operazione di trasformazione della letteratura spagnola da profana in religiosa, dovrebbero indurci all'ipotesi di una «storia della letteratura spagnola *a lo divino*». E sintesi e simbolo di una tale ipotesi potrebbe anche essere la Santa Teresa in estasi del Bernini.

1982

Annie Messina (Gamîla Ghâli)
Il mirto e la rosa

Non tutti i manoscritti si trovano sigillati nelle bottiglie. Ce ne sono, misteriosi quanto quello di Poe, che arrivano in pacchetti ben confezionati, e forse confezionati da mano femminile, con cura a che nel viaggio non si sciupino e al tempo stesso con una discreta, misurata civetteria. Come questo che pubblichiamo, molto probabilmente scritto da una donna – come anche lo pseudonimo fa sospettare – e che sembra arrivare da molto lontano, dalla lontananza delle *Mille e una notte*. Sembra: ma già scorrendo le prime pagine sentiamo che ci arriva – nel tempo e nello spazio – da molto vicino. Tanto da vicino, nel tempo, da far pensare agli scritti sull'amore di Ortega y Gasset. E non si tratta certamente di una traduzione, ma di un originale scritto nell'italiano di oggi, con semplicità e limpidezza. Eppure la semplicità e nitidezza del mezzo espressivo non impediscono, e si direbbe anzi che agevolano, lo scatto e la tensione di questo racconto nel misterioso, nell'arcano, di concluderlo in una sfera ardua e struggente. È il racconto di un amore assoluto e totale, del nostro tempo e di ogni tempo. E la rosa e il mirto simboleggiano – come nelle *Mille e una notte* – i due protagonisti: il mirto della virilità, la rosa della fanciullezza.

A questa nota, che presentava la prima edizione, va aggiunto per la seconda la rivelazione del nome che il pseudonimo nascondeva: Annie Messina. Ragione del pseudonimo era la discrezione: nipote della scrittrice Maria Messina, che in questa collana è stata con successo riproposta, Annie Messina riteneva non dovere immettersi nella scia di un tale successo.

1982

Narciso Feliciano Pelosini
Maestro Domenico

A Liborio Romano, che da Franceso II passò a Garibaldi senza alzarsi dalla poltrona di ministro dell'Interno, fu dedicata questa lapide: «Da XXIV anni / o Liborio Romano / la storia / pende irresoluta sul tuo nome. / Ministro postremo / del cadente Borbone di Napoli / additavi l'esilio al tuo re / e aprivi la reggia al dittatore inerme. / Custode delle autonomie regionali / e banditore d'una Italia federata / accettavi l'unità / senza protesta senza condizioni / e dal vecchio al nuovo principato / passavi / come se due anime ti possedessero / e due leggi morali. / Ma le troncate insidie di corte / la servata incolumità pubblica / e il diritto nazionale / che d'una in altra metropoli cercava Roma / testimoniano / che i peccati tuoi / furono i destini della patria». Mirabile sintesi, e vale tanti libri di storia. Ma quei poveri italiani che avevano una sola anima, una sola legge morale? Col senno del poi ne parla il principe di Lampedusa; nell'immediato svolgersi degli avvenimenti, questo racconto di Pelosini.

1982

Alfredo Panzini
Grammatica italiana

La pratica val più della grammatica, si diceva una volta, quando la grammatica si studiava. Ma la pratica senza la grammatica? Ecco il punto, ecco la ragione per cui in questa collana che s'intitola alla *memoria* si dà memoria della grammatica di cui, con effetti visibili nel parlare e nello scrivere, in Italia ci si è smemorati. Essenziale, agile, godibile, questa grammatica – opera letteraria di Alfredo Panzini, pubblicata cinquant'anni fa, si propone come un restauro della memoria grammaticale. E forse è appunto restaurando la grammatica che si può cominciare a restaurare la pratica.

Alfredo Panzini, amabile narratore e ancora più amabile linguista e filologo, nacque a Senigallia nel 1863 e morì a Roma nel 1939. In questa grammatica sintetizzò e rese più dilettevole altra pubblicata anni prima e destinata alle scuole.

1982

Maria Messina
La casa nel vicolo

Tre racconti pubblicati lo scorso anno in questa collana (*Casa paterna*) hanno richiamato su Maria Messina, scrittrice di cui nel giro di un cinquantennio si era del tutto perso il ricordo, l'attenzione dei lettori e dei critici. Apprezzata da Verga, con cui intrattenne una devota corrispondenza; recensita come «scolara del Verga» da Borgese, la Messina è da accostare, piuttosto, al Pirandello dell'*Esclusa* e di tante novelle che oggi si possono approssimativamente definire «femministe»: quelle cioè attente, vibranti di commossa partecipazione pur nella registrazione realistica, alla condizione femminile in Sicilia qual era fino agli anni della seconda guerra mondiale.

La ripubblicazione di questo romanzo (edito dal Treves nel 1921), darà, crediamo, una piena conferma della qualità della scrittrice e darà misura dell'ingiustizia di averla – critici e storici della letteratura italiana – dimenticata.

1982

Lidia Storoni Mazzolani
Una moglie

Lidia Storoni Mazzolani ha il dono di far diventare un problema filologico racconto borgesiano. Come Borges sa giocare col tempo, stabilire ardue rispondenze, creare sottili rapporti tra il passato e il presente, tra la nostra condizione e quella degli antichi. Come in quel bellissimo libro che s'intitola *Sul mare della vita*, di più che dieci anni fa, o come nel recente saggio su Tiberio. Vale a dire che al rigore dello studio, alla precisa e minuziosa ricostruzione di un testo (e di un'epoca), unisce la qualità che pochi storici e filologi possiedono: la qualità dello scrittore, la capacità visionaria e fantastica di vivere col personaggio, coi personaggi. E così è in queste pagine, racconto storico-filologico che nasce da un'epigrafe lungamente studiata e discussa, ma solo ora restituita alla sua umana verità: come *Sul mare della vita*, nato da due epigrafi – una che dice di un pagano che è già cristiano, l'altra di un cristiano che è ancora pagano.

1982

Martín Luis Guzmán
¡Que Viva Villa!

Nel 1941, traducendo per la rivista cinematografica «Bianco e nero» uno dei capitoli di questo libro, Mario Praz scriveva: «Il Guzmán, nato nel Messico nel 1890, poco più che ventenne entrò nella carriera politica, si distinse come oratore in qualità di delegato della Convenzione Costituzionale Progressista, ebbe vari incarichi durante la rivoluzione di Carranza, dal quale venne fatto arrestare allorché si schierò per Villa; ministro della guerra sotto l'effimera presidenza di Eulalio Gutiérrez, alla caduta di costui (1915) riparò in Spagna; tornò nel Messico nel 1920, fondò il giornale "El Mundo", prese parte al movimento in favore della presidenza di Adolfo Huerta e, fallito il movimento, si stabilì di nuovo in Spagna, dove si dedicò all'attività letteraria...». Del libro, dice che è ineguale: a capitoli che sono cronistoria degli avvenimenti si alternano capitoli densi e vibranti. «Fosse tutto nella chiave dei capitoli forti, sarebbe potuto riuscire un fosco capolavoro».

È quello che abbiamo fatto: trascegliendo i capitoli «forti», ecco un piccolo fosco capolavoro.

1982

Joseph-Arthur de Gobineau
Mademoiselle Irnois

Per chi da un po' ha superato i cinquant'anni, il nome di Arthur de Gobineau affiora alla memoria in un contesto sgradevole (a dir poco): la razza, il razzismo, la difesa della razza. Ma Gobineau (1816-1882) non è soltanto l'autore di quel *Saggio sulla ineguaglianza delle razze umane* che non poteva immaginare venisse assunto tra i testi sacri di una delle più atroci follie della storia; è anche un narratore, come diceva Borgese, di «misurata e salda» ispirazione, «un *dilettante* ricco d'anima che vale più di tanti poveri ed ostinati maestri» (e s'intenda il *dilettante* in senso stendhaliano – e saviniano).

Nel 1924, dopo aver letto l'ultimo romanzo di Gobineau, Gide annotava: «L'influsso di Gobineau su Radiguet è innegabile... Ma la pubblicità editoriale farà in modo che Radiguet sia molto più letto di quanto sia stato mai letto Gobineau». Ma in questi ultimi anni c'è stata la riscoperta: e Gobineau è letto forse un po' più di quanto è ancora letto Radiguet.

1982

Leonardo Sciascia
La sentenza memorabile

Mi piace sempre più scrivere cose come questa; e sempre più mi piace pubblicare piccoli libri come questo. Forse è che ad un certo punto della vita si vuole essere in pochi. Mi avviene persino di credere di avere inventato un genere letterario: illusione che accresce il piacere di praticarlo. Ma so anche che non è vero. Il prototipo, altissimo, resta *La storia della Colonna Infame*; ci sono poi le «inquisiciones» di Borges e – per me – le inquisizioni filologiche e critiche di Salvatore Battaglia, indimenticabile maestro ed amico.

Questa «inquisizione», giocata tra un processo del secolo XVI e una pagina di Montaigne, l'ho scritta con sottile divertimento. Spero ne abbiano anche i miei venticinque lettori. E mantengo la cifra manzoniana non per immodestia, ma tenendo conto della onnipresente inflazione.

Leonardo Sciascia

1982

Cesare Greppi
I testimoni

Una storia di erotismo, per così dire, conventuale, cui si accompagna quella di un'eresia indefinita, forse indefinibile (anche se il lettore può sospettarla di estrazione «quietista»), trascorre in queste pagine di Cesare Greppi con il vigore di una «chronique italienne» stendhaliana: solo che è una cronaca senza la cronaca, una storia senza la storia, un racconto senza il racconto. Tutto vi accade per traslucidità, per evocazione e trasparenza. Ci sono i testimoni, ci sono le testimonianze: ma l'oggetto del processo, la natura e consistenza delle imputazioni, le passioni e convinzioni degli imputati, si intravedono per *intelligenza*, per l'*intelligenza* che si stabilisce subito, al primo capitoletto, tra lo scrittore e il lettore. E diciamo *intelligenza* nel senso in cui si dice «intelligenza col nemico» (ma in questo caso con l'amico), oltre che in senso lato. E si tratta sì di un modo di scrivere, di un modo di raccontare: ma bisogna anche tener conto che così scrivendo, così raccontando, Cesare Greppi (alla sua prima opera narrativa, dopo le poesie di *Stratagemmi*) raggiunge l'essenza del processo, della prassi, della procedura inquisitoriale. Dell'Inquisizione cattolica e spagnola; ma anche dell'eterna, onnipresente inquisizione.

1982

Giovanni Verga
Le storie del castello di Trezza

La materia è quella di un «giallo»: uno di quei «gialli» giocati tra fosche leggende medievali o rinascimentali e delitti, per così dire, in atto: accuratamente preparati ed efferatamente realizzati. Ed anche la tecnica, solo che si guardi al nudo traliccio, è un po' da «giallo». Una storia, insomma, che appare alquanto dissonante nell'insieme dell'opera verghiana, forse nata da contemporanee suggestioni «gotiche»; ma appunto perciò da isolare, da ripubblicare a sé: a suscitare nei lettori impressioni e riflessioni diverse di quelle che di solito l'opera di Verga, per condizionamento, suscita. Un Verga «diverso». E ha dato a Vincenzo Consolo l'occasione di scrivere una nota critica al tempo stesso estrosa e precisa.

1982

Henryk Sienkiewicz
Quo vadis?

Questo libro, che ebbe intensa e lunga popolarità fin dal suo apparire (1894-96: e la prima traduzione italiana – di Federigo Verdinois – è del 1899), ma una popolarità «diversa» di quella che avevano avuto i romanzi di Eugenio Sue e che avevano quelli di Blasco Ibañez, si ristampa oggi per una duplice sollecitazione. È un libro cristiano, di un cristianesimo vissuto, di un cristianesimo «testimoniato», di un cristianesimo non facilmente e comodamente professato. Ed è un libro polacco, di una Polonia oggi in condizioni non molto diverse di quelle in cui si trovava al momento in cui Sienkiewicz lo concepiva e scriveva. È un libro – cristiano e polacco – di pace, di libertà.

Sienkiewicz (premio Nobel nel 1905) non è soltanto l'autore del *Quo vadis?*, altri suoi libri (qualcuno pubblicato intorno al 1930 nelle edizioni torinesi della «Slavia») meriterebbero di essere conosciuti; ma è il *Quo vadis?* che resta anche nella memoria di chi non lo ha letto, per le sovrapposizioni dei tanti films che ne sono stati tratti o vi si sono ispirati. Films alla Cecil De Mille (e non ultimo, proprio di De Mille, *Il segno della Croce*). Ma non è un libro alla De Mille. È il libro di una causa – polacca e umana – ancora oggi terribilmente attuale.

1982

Benedetto Croce
Isabella di Morra
e Diego Sandoval de Castro

Scriveva Renato Serra nel 1913 che gli italiani non si erano quasi accorti che Croce era quasi miglior letterato che critico. I due «quasi» sono suoi, del Serra. E uno è senz'altro di troppo: né allora gli italiani si sono accorti, e tanto meno se ne accorgono oggi, che Croce è uno dei prosatori più nitidi ed esatti, più avvincenti, più acuti ed arguti del nostro secolo. E di una prosa che racconta, che sa impareggiabilmente raccontare, senza sfagli e capricci dell'immaginazione, con rigore di documenti e di filologia, vicende lontane nel tempo, vite avventurose e appassionate.

Pubblicando una delle sue *Vite di avventure, di fede e di passione*, speriamo che gli italiani finalmente se ne accorgano. Al di là delle polemiche sulle teorie estetiche e la critica letteraria del Croce, il Croce «narratore» è da ritrovare, da riscoprire – e da godere.

1983

Bernardino de Sahagún
Storia indiana
della conquista di Messico

Nel *Libro del riso e dell'oblio*, Milan Kundera racconta di una fotografia scattata a Praga nel febbraio del 1948, e diffusa ufficialmente in migliaia di copie, in cui apparivano Gottwald e Clementis, i due massimi esponenti del comunismo cecoslovacco. Ma quattro anni dopo Clementis spariva dalla fotografia così come, per impiccagione, era sparito dalla vita. «Là dove c'era Clementis c'è solo la nuda parete del palazzo». Ma per Kundera, per la sua memoria, Clementis sta ancora lì: poiché «la lotta dell'uomo contro il potere è la lotta della memoria contro l'oblio».

È un apologo, questo, che ha valore eterno e universale. Sulla nuda parete da cui i conquistatori spagnoli e cattolici hanno cancellato la cultura, la storia e la vita dei popoli conquistati, anche Bernardino de Sahagún – forse per un inconscio processo di avversione al potere – ha tentato di carpire la memoria dei vinti, di restituirla alla storia. E ne è venuto un libro di affascinante ambiguità.

1983

Andrzej Kuśniewicz
Lezione di lingua morta

Dopo i quattro romanzi tradotti in francese e i due (*Il Re delle due Sicilie* e questo che nella stessa collana lo segue) tradotti in italiano, si può senza azzardo affermare che Andrzej Kuśniewicz è il più grande scrittore di cui si abbia avuto rivelazione in questi ultimi anni. E benché il suo «caso» sia rimasto in Italia, dopo la pubblicazione del primo romanzo, in una cerchia ristretta di attenzione, di affezione, di entusiasmo, non c'è dubbio che troverà, con questo libro e con gli altri che presto saranno pubblicati, un'ampiezza e una risonanza paragonabili a quelle di Joseph Roth, alla cui stessa area (l'impero austriaco) ed aere («il crepuscolo di un mondo») i libri di Kuśniewicz si appartengono. Solo che il gioco di Kuśniewicz è tanto più sottile e complesso, tanto più labirintico; e di un incanto che non viene soltanto dal crepuscolo e dalla nostalgia, ma dall'intessere il tempo – ritrovato al momento in cui più luminoso e fragile sta per perdersi – con un ardimento e una sensualità impareggiabili.

1983

Maria Luisa Aguirre D'Amico
Paesi lontani

«La madre cominciò a parlare di presentimenti. Temeva che suo padre potesse morire mentre era lontana e decise che doveva assolutamente raggiungerlo». Con questa frase viene a cristallizzarsi, in questo racconto di paesi e anni lontani di Maria Luisa D'Amico, il motivo dell'apprensione che fin dalle prime pagine indefinibilmente lo domina; quell'apprensione «siciliana» di cui Brancati ha saputo darci sottili rappresentazioni ed analisi. Se poi aggiungiamo che il «padre» per cui si è in apprensione è Luigi Pirandello, meglio s'intende la particolarità di queste memorie d'infanzia, il loro intridersi di angoscia pur nello splendore dei «verdi paradisi», le tante dilacerazioni e i tanti smarrimenti che registrano. Anche se, mai nominato, pochissimo vi è presente, è la grande ombra di Pirandello che domina, al di là della quieta scrittura, questi inquieti e inquietanti ricordi.

1983

Giuseppe Antonio Borgese
Le belle

Le belle: «ritratti di belle donne», diceva Borgese. Ma ritratti in azione, ritratti drammatici, ritratti nel cui sfondo si accampano luoghi e figure, vita vissuta, ricordi, meditazioni. Novelle, sarebbe da dire, in cui si accampa – rapidamente delineato, rapidamente intravisto, per veloci e suggestive illuminazioni – il romanzo.

Pubblicato nel 1927, questo libro è da confrontare alla narrativa italiana che allora correva per scoprirne la netta superiorità. Soltanto Pirandello resta all'altezza del confronto. Ma anche a non confrontarlo è un libro di novelle che restano *belle*, e non soltanto per la bellezza (anche interiore, come in quella impareggiabile che s'intitola *La Siracusana*) delle donne che vi sono ritratte.

1983

Luisa Adorno
L'ultima provincia

È difficile dalla letteratura italiana moderna e contemporanea ritagliare, sia pure in antologia di non rilevante volume, una letteratura delle istituzioni. Che cosa è il Parlamento, che cosa una prefettura, un ufficio di polizia, un consorzio agrario, un ente di assistenza, una capitaneria di porto, uno stato maggiore, e così via, si ha l'impressione che soltanto la letteratura italiana ne abbia mancato la rappresentazione. Tanto vero che indelebili ci restano le eccezioni a questa regola: il Parlamento dell'*Imperio* di De Roberto, la questura di Roma di Carlo Emilio Gadda, l'Eca di Palermo di Matteo Collura...

Questo libro di Luisa Adorno racconta che cosa è una prefettura, che cosa è un prefetto. E lo racconta con una vivacità, un'ironia, un brio da far pensare a certe pagine di Brancati.

1983

Charles e Mary Lamb
Cinque racconti da Shakespeare

Sembrano uscire da un'acquaforte di Goya: lei, Mary, quieta nella sua bruttezza che arriva alla deformità, attenta, sensibile, delicata ma che in un momento di follia ha ucciso la madre e non raramente quei momenti le si ripetono; lui, Charles, fratello di undici anni più giovane, legato alla vita di lei, a quella follia che a volte imprevedibilmente divampa. Anche lui con una grossa testa da idrocefalo, che sembra sovrapposta come una maschera di carnevale a quel corpo minuto. Mary e Charles Lamb. E nella loro solitudine, nel loro tragico accordo, scrivono per l'infanzia forse per ritrovare la loro. Raccontano Shakespeare ai bambini, ai bambini le tragedie di Shakespeare. Una follia. Una follia non priva di metodo, direbbe Amleto. Non priva di bellezza, possiamo noi dire.

1983

Prosper Mérimée
Lokis

Nella mostra dei «fatti diversi» che si è avuta l'anno scorso a Parigi, tra le cronache di elucubrate forme di suicidio una particolarmente colpiva: di una ragazza che aveva scelto di farsi dilaniare da un orso. La tavola con cui un settimanale dell'epoca aveva illustrato il fatto (sul tipo di quelle della «Domenica del Corriere»), a giusta ragione della sensazionalità della mostra, era stata riprodotta sulla copertina del catalogo.

Tra questo racconto di Mérimée e il «fatto diverso» (cioè di cronaca) non corrono molti anni. La fantasia ha raggiunto la realtà: e con la stessa ambiguità, si direbbe. Sarebbe accaduto il fatto di cronaca se Mérimée non avesse scritto *Lokis*?

1983

Charles-Louis de Montesquieu
Storia vera

Due battute di uno scrittore polacco si affacciano alla mente ogni volta che ci si imbatte in opere di velata significazione; che adombrano la condizione umana o particolari condizioni umane in una rappresentazione mitica, favolosa, surreale; che alludono alla storia, a un momento storico, a una determinata e determinabile società. «È un romanzo a chiave», si afferma nella prima battuta. «La chiave è dal portiere», si afferma nella seconda.

Questo racconto di Montesquieu è senza dubbio a chiave. Ma prima di farcene portieri – come d'altronde è giusto, è doveroso – conviene affidarci allo scorrere della favola, al gioco dell'invenzione, alla sua splendida «inutilità».

1983

Vanni e Gian Mario Beltrami
Una breve illusione

Le battute tratte dal film *La grande illusione* di Jean Renoir e che fanno da epigrafe a questa raccolta di documenti relativi alla vita, alla morte, alla memoria pubblica e familiare del sottotenente Carlo Beltrami, dicono dell'animo con cui questo lavoro è stato fatto. Carlo Beltrami è morto nella battaglia di Adua nel 1896 per ciò che «si pensava allora fosse giusto e bello». A vent'anni. Ma la sua è una triste – ed esemplare – storia che Vittorini direbbe di «vecchi doveri», da affrontare e da cui trarre ammaestramento, di segno diverso, per i «nuovi».

1983

Giorgio Pecorini
Il milite noto

Nell'introduzione del 1948 ad *Addio alle armi*, Hemingway diceva che «dal 1933 forse è chiaro perché uno scrittore debba interessarsi al continuo, prepotente, criminale, sporco delitto che è la guerra»; ma appunto il suo libro, scritto vent'anni prima, spostava al 1914 le ragioni per cui uno scrittore deve interessarsi a quell'enorme delitto che è la guerra. Ma non solo lo scrittore, oggi: ciascuno di quelli che Hemingway chiama i «leali cittadini» che l'hanno combattuta, che la combatteranno, che ne hanno avuto e ne avranno lacrime e sangue, hanno il diritto e il dovere, in quanto cittadini, di una irriducibile lealtà contro la guerra.

Scritto da un leale cittadino – che è anche giornalista di scrupoloso e limpido mestiere – questo libro ricostruisce, attraverso documenti e reliquie di dolorosa memoria familiare, la storia di un leale cittadino caduto nella guerra 1915-18. La storia di un milite noto contro la «illeale» apoteosi del milite ignoto.

1983

Giuseppe Bonaviri
L'incominciamento

In meno di due anni, tre libri hanno particolarmente segnato il corso di questa collana, suffragandone di maggiore legittimità il titolo: *Kermesse* di Leonardo Sciascia, *Museo d'ombre* di Gesualdo Bufalino e ora questo di Giuseppe Bonaviri, *L'incominciamento*. Insieme, questi tre libri (e altri che confidiamo ne verranno, di altri scrittori) costituiscono un avvenimento: tre scrittori al punto della loro maggiore compiutezza e notorietà, si sono interrogati nel rapporto col loro paese natale, del paese natale hanno interrogato la vita quotidiana, la memoria collettiva e familiare, la storia, i personaggi. Racalmuto, Comiso, Mineo hanno avuto così dagli scrittori che rispettivamente, all'incirca sessant'anni fa, vi sono nati, quella certificazione di esistenza in vita che soltanto la letteratura sa dare. Sono insomma libri – piccoli libri nella mole – che segnano, crediamo, un momento degno di attenzione nella letteratura italiana di oggi: e non a caso vi corrisponde, in sede diciamo scientifica, l'avvento delle «microstorie».

1983

Leonardo Sciascia
L'affaire Moro

Pubblicato nell'autunno del 1978, mentre ribollivano le polemiche sul caso Moro, e altre suscitandone, a distanza di cinque anni questo libro potrebbe anche esser letto come «opera letteraria». Ma l'autore – come membro della Commissione parlamentare d'inchiesta sulla «affaire» – ha continuato a viverlo come «opera di verità» e perciò lo si ripubblica (non più col rischio delle polemiche, ma del silenzio) con l'aggiunta della relazione di minoranza (di assoluta minoranza) presentata in Commissione e al Parlamento. Una relazione che l'autore ha voluto al possibile stringare, nella speranza abbia la sorte di esser largamente letta: qual di solito non hanno le voluminosissime relazioni che vengono fuori dalle inchieste parlamentari.

1983

Anita Loos
I signori preferiscono le bionde
Ma... i signori sposano le brune

Più della *grande* letteratura, spesso è la *piccola* ad aggiungere qualcosa al mondo, mentre ne vuole essere lo specchio: ed è il caso, appunto, di questi due libri di Anita Loos: che volevano essere «commedia americana» (a rovescio della «tragedia» che scrittori come Anderson e Dreiser già campivano, preparando l'avvento dei Faulkner, Hemingway, Steinbeck, Caldwell, Cain), satira di un tipo umano e di un costume; e finivano invece col creare e diffondere quel tipo umano, quel costume, quella commedia. Il tipo era quello della donna «svampita»: sicura soltanto del suo essere bionda, vorace di una indefinita e ignota felicità (indefinita e ignota al punto da non riconoscerla al momento che vi si imbatteva), disattenta, svagata, distratta; e calamitava a sé una maschilità che si potrebbe dire d'apparenza, non priva di complessi e anzi con complessi, per così dire, a fior di pelle. E ne veniva una commedia di costume che non la catarsi suscitava, ma la mimesi. Tanto cinema visse di quella rendita (fino al mito di Marylin Monroe); e la vita vi si adeguò.

Nella prefazione a una delle tante edizioni (del 1963), Anita Loos racconta di come *I signori preferisco-*

no le bionde è nato, del successo che immediatamente ebbe e che continuò ad avere (fino a una traduzione in russo e ad una interpretazione marxista che pare non le dispiaccia), della lettura che ne fece Joyce (stava per perdere la vista, e se la risparmiava per seguire su «Harper's Bazaar» le puntate del romanzo: e forse non erano estranee alla sua attenzione le cadute ortografiche e gli sfagli grammaticali), del giudizio di Santayana. Giudizio che oggi, con più accentuata celia, si può forse sottoscrivere: «il miglior libro di filosofia scritto da un americano».

1983

Guglielmo Negri
Il risveglio

Questo racconto piacque ad Arturo Carlo Jemolo: e se ne capisce la ragione non solo considerando il «sacerdos in aeternum» intorno a cui ruota (con minore solennità, cupezza e drammaticità che nel *Potere e la gloria* di Graham Greene, e anzi con quasi parodistica allegria), ma anche tenendo conto di quel racconto scritto da Jemolo, e dopo la sua morte pubblicato, che s'intitola *Scherzo d'estate*; un racconto che un po' somiglia a questo di Negri per la rapidità ed essenzialità da canovaccio cinematografico, da «trattamento». E sarebbe da dire che questo è uno *scherzo d'inverno*: e perché scritto come a vacanza di una professione affine a quella di Jemolo e nell'intendimento di scherzare su un genere letterario che a quella professione in qualche modo attiene; e perché, tout court, è racconto di «guerra fredda».

1984

André Chénier
Gli altari della paura

Gli altari della paura: ad oggi, dalla morte per ghigliottina di André Chénier, ben altri – per efferata qualità e numero – ne sono stati svelati e ancora se ne svelano; sicché queste pagine, che Bruno Romani qui giudica prive di intelligenza storica in rapporto alla grande rivoluzione di allora, appunto di intelligenza storica si sono arricchite per noi. Intempestivi nel momento in cui insorsero, intempestivi quando Romani li propose agli italiani nel 1944 (ma di una intempestività che doveva fare i conti con gli entusiasmi e coi conformismi), questi scritti appaiono oggi di sicura e lucida attualità.

1984

Leonardo Sciascia
Cronachette

Queste «cronachette», scritte in tempi diversi e ora in parte riscritte, portano il numero 100 di questa collana che s'intitola alla Memoria: quasi a ribadirne la ragione, i richiami, le istanze. Vanno dai primi del secolo XVII ad oggi: ma in tutte è il senso e il senno dell'oggi, almeno nelle intenzioni; e così spero le intenda chi delle cose di oggi ha ancora il senso (come dire «il senso del pericolo») e continua ad aver senno nel giudicarle.

Ma – intenzioni non realizzate o risultati che siano – queste «cronachette» le giudichino i lettori. Io desidero soltanto mettere in evidenza il fatto che questa collana, che si è aperta col mio libretto *Dalle parti degli infedeli*, tocca oggi – fortunosamente e fortunatamente (voglio dire: con avventura e con fortuna) – il numero 100.

Leonardo Sciascia

1985

Enea Silvio Piccolomini
Storia di due amanti

Nelle *Promenades*, parlando di Raffaello che giovanissimo fu aiuto del Pinturicchio negli affreschi della biblioteca del Duomo di Siena, Stendhal dice che essi raccontano «le diverse avventure di Enea Silvio Piccolomini, celebre dotto che divenne papa col nome di Pio II e regnò sei anni». Evidentemente, non conosceva *I commentari*, né la commedia *Chrysis*, né questa novella: cose le più proprie ad incantarlo, come dice André Thérive nella prefazione alla traduzione francese di questa storia di Eurialo e Lucrezia. Ma dalla visione degli affreschi trae una singolare, curiosa impressione: che ci sono dei personaggi che fanno desiderare di diventare loro amici. E ci è facile immaginare quanto sarebbe stato amico di Enea Silvio, se ne avesse conosciuto l'opera – e questa storia dei due amanti particolarmente. Perché questo possiamo oggi dire a maggiore elogio di Enea Silvio: che era un personaggio stendhaliano *avant la lettre*. Negli autobiografici *Commentari*; ma anche nella commedia, nella novella: non prive di rifrazioni autobiografiche. Scritta in latino nel 1443 – come lascia credere la data, da Gratz, della lettera dedicatoria a Mariano Sozino –

questa novella la diamo nella traduzione pubblicata dal Daelli nel 1864: di più mani, nell'arco di qualche secolo; ma è quella che più dà il senso del tempo in cui fu scritta. Nell'edizione che si considera come la prima fa da titolo questa dicitura: *Enee Silvij poete Senensis da duobus amantibus Eurialo et Lucretia opusculum ad Marianum Sosinum feliciter incipit.* Molte sono le edizioni successive: in latino e in traduzioni italiane e francesi; ma la più splendida, per le miniature che l'adornano, è quella parigina del 1493.

1985

Enrico Job
La Palazzina di villeggiatura

In questo racconto, in questa storia di un luogo, di una famiglia, di una «educazione sentimentale», la parola *villeggiatura* – in sé ridente, quasi sfaccettata di riposanti utopie, settecentesca, goldoniana – assume un che di ironico e di sinistro, come se rovine e fantasmi nella *palazzina* già convenissero al momento stesso in cui fu edificata, nell'utopico 1794. Ed è un racconto di cui si può dire, tout court, che «non somiglia», cui è difficile trovare riferimenti, richiami, rispondenze se non forse – per sfuggenti impressioni, per appena decifrabili suggestioni – a quel *Giro di vite* di Henry James in cui l'infanzia e i fantasmi trovano una terribile consustanziazione. La memoria, il tempo perduto e ritrovato, la guerra contro il tempo, il convergere delle cose accadute nelle cose che accadono, vi hanno senza dubbio gioco: ma più, senza tempo, la congiura della vita contro la vita, il trascorrere della vita nel sogno, il riconoscere la vita – e il riconoscersi – «nella stessa sostanza di cui son fatti i sogni».

1985

Antonio Castelli
Passi a piedi passi a memoria

Nella vena che in questa collana è rappresentata dal *Museo d'ombre* di Bufalino, dalla *Kermesse* di Sciascia, da *Le abitudini e l'assenza* di Addamo, da *L'incominciamento* di Bonaviri, si inserisce questo libro di Antonio Castelli. Nasce dalla giudiziosa fusione di due libri già pubblicati: ma forse, allora, «intempestivamente». Jules Renard (cui l'essenzialità e il taglio di certe notazioni di Castelli fanno richiamo) diceva che la posterità ha un debole per lo stile. Non siamo alla posterità, ma da qualche anno a questa parte un debole per lo stile comincia a riaffiorare che allora, quando i due libri sono apparsi, si era persino in puntiglio di non avere.

Il «territorio» (abusatissima parola, oggi) in cui Castelli muove i suoi «passi» è quello di Cefalù: ma con qualche sconfinamento, nell'acuta osservazione quotidiana e nella memoria, ora felice ora dolente, più a monte, verso Castelbuono: il paese della non più mitica ma farmaceutica manna.

1985

Friedrich Glauser
Il grafico della febbre

Per circa mezzo secolo il lettore si è trovato nel circolo vizioso (veramente e vanamente vizioso) del best-seller: il libro la cui precipua qualità stava nel fatto che era dato per *molto letto* e che era dunque indispensabile leggere. Oggi siamo al long-seller: al libro che ritorna, al libro che si riscopre, al libro che ha vinto il silenzio e l'oblio. «A mio avviso», – dice Manganelli – «è long-seller l'autore che fa un giro in pista, nessuno gli fa caso, e dopo trenta, quarant'anni fa un secondo giro, e tutti lo guardano con il fiato sospeso»; mentre i best-seller sono soltanto «fulminei ectoplasmi senza un passato». E forse, possiamo aggiungere, senza un avvenire.

Se dunque coi seller dobbiamo convivere, più sul sicuro si va coi long. Ed ecco un autore che in Europa è al secondo giro di pista e da noi al primo (ma stiamo sulla garanzia che in Europa è al secondo): Friedrich Glauser. Svizzero, di tragica vita, morto a quarantadue anni nel 1938, Glauser è uno scrittore davvero di lunga durata: e specialmente nei romanzi polizieschi, come in questo *Grafico della febbre*. Può ricordare, per certo verso, Simenon, il Simenon di Maigret (che gli è vicino nel tempo); ma più, crediamo, Friedrich Dürrenmatt, che è venuto dopo e che noi abbiamo conosciuto prima.

1985

Friedrich Glauser
Il tè delle tre vecchie signore

«Non sottovalutate il racconto poliziesco: oggi è l'unico mezzo per diffondere idee ragionevoli» – diceva Friedrich Glauser. Non sappiamo se lui davvero scrivesse racconti polizieschi per diffondere idee ragionevoli, né in che tali idee consistessero (ma le si può forse far consistere, sic et simpliciter, nella ragionevolezza di fronte a una società rigida, puritana, fitta di divieti e interdetti): sappiamo però con certezza che è un grande narratore di storie poliziesche; lucido, sottile, affascinante. E a considerare la sua vita – disordinata, inquieta, allucinata – e la sua adozione del genere poliziesco, della tecnica narrativa del giallo, e il modo tutto suo di gestirlo, possono apparire una incongruenza, una contraddizione. Ma è una contraddizione che ci riporta a colui che del poliziesco è stato il padre: Edgar Allan Poe.

1985

Leonardo Sciascia
Per un ritratto dello scrittore da giovane

Dalla scolastica *Storia della letteratura italiana* del Momigliano ho avuto la prima rivelazione dei «contemporanei», la prima sollecitazione a cercarne le opere. Allora la scuola aveva poca scelta, per le cosidette adozioni, ma tra ottimi testi. E io sempre ricordo l'utilità e il diletto che ebbi, oltre che dalla *Storia* del Momigliano, dalla *Letteratura latina* del Marchesi e, nei primi anni di scuola, dall'antologia *I moderni* di De Robertis e Pancrazi. Poi è venuto il diluvio.

I primi libri che, grazie al Momigliano, cercai e lessi, furono *Pesci rossi* di Cecchi e *Le belle* di Borgese, in cui è la novella *La siracusana*, dal Momigliano particolarmente segnalata. Da questo libro mi si avviò una conoscenza dell'opera di Borgese che oggi posso dire completa.

Dopo la lettura di *Golia*, mi appassionai anche alla conoscenza della sua vita: una delle pochissime, tra quelle dei «contemporanei», che indefettibilmente *rispondono* dell'opera; davvero «vergin di servo encomio e di codardo oltraggio», la vita e l'opera, in un tempo in cui tanti che servirono encomiando credettero poi di riscattarsene codardamente oltraggiando. Ed è per ciò che quando un amico mi affidò un pacchetto di lettere sue giovanili, mi è parso del tutto ovvio *montarle* in una specie di racconto. Che è questo.

Leonardo Sciascia

1985

Mario Soldati
24 ore in uno studio cinematografico

Questo libro, pubblicato sotto il nome di Franco Pallavera nel 1935, a parte i lettori di professione, tra i tanti lettori di Soldati soltanto i più affezionati ed attenti sarebbero riusciti, prima di questa nostra riedizione, ad attribuirglielo. Non figura nelle schede bibliografiche che accompagnano gli altri suoi libri, ma grazie alla finzione manzoniana del manoscritto cui lo scrittore rifà la «dicitura», *La verità sul caso Motta* offre il filo che da Franco Pallavera conduce a Mario Soldati. «Tempo fa ricevemmo da Torino un manoscritto raccomandato: mittente certo professor Franco Pallavera... Tuttavia, siccome il Pallavera entrava troppo bruscamente in materia, presupponendo quasi nel lettore la conoscenza dei fatti, e non si curava poi di tirare le conclusioni, pregammo il giornalista Mario Soldati...». Questo gioco ci dice che lo pseudonimo con cui il libro fu pubblicato non aveva altra ragione – appunto – che il gioco: il gioco mistificatorio cui Soldati sempre ed essenzialmente indulge. E si potrebbe anche dire pirandelliano: sostanzialmente, oltre che per la esterna incidenza che Pirandello ebbe nella decisione di Soldati a scrivere questo libro e che Guido Davico Bonino racconta nella nota introduttiva. E possiamo anche tentare altro avvicinamento, considerando che dopo il *Si gira* di Pirandello (successivamente intitolato *Quaderni di Serafino Gubbio operatore*), questa è la seconda opera narrativa italiana – né altre ci pare ne siano venute – che si muove nel mondo del cinema. «Un romanzo del cinema italiano Anni Trenta», dice Davico Bonino. E riconoscibilissimo del Soldati che sta tra *Salmace* e *America primo amore*.

1985

Denis Diderot
L'uccello bianco
Racconto blu

«Questo racconto è della stessa epoca de *I gioielli indiscreti*. Vi si ritrovano gli stessi personaggi, ma la licenziosità è minore. Rimase sconosciuto finché Naigeon non lo pubblicò nella sua edizione delle *Opere* di Diderot nel 1798. Era questo che cercava il signor Berrier, luogotenente di polizia, quando la signora Diderot gli rispose che non conosceva di suo marito "né piccione bianco né piccione nero", e che d'altro canto non lo credeva capace di attaccare il re, come lo si accusava di aver fatto in questo racconto. Si vedrà se la moglie del filosofo aveva ragione. A nostro avviso, in questo testo, così come nei *Gioielli*, i raffronti tra Mangogul e Luigi XV sono troppo vaghi per permettere di sostenere un'opinione che incriminerebbe tutti i romanzi del XVIII secolo e tutte le "féeries" del XIX. È giocoforza che giunga un momento, nella storia dei popoli, in cui, diffondendosi la civiltà, il principio di autorità si mostra nella sua vera luce. Ci si accorge allora che i re sono uomini, e una volta che tutti lo sanno, gli scrittori che lo dicono, non facendo altro che ricamare su un luogo comune, non hanno né meriti né demeriti: hanno solo un po' più o un po' meno di spirito. Non pensiamo sia necessario spiegare al lettore l'allegoria dell'*Uccello bianco*; la capirà, senza alcun dubbio, prima della sultana» (*Nota all'edizione Garnier*, 1875). A questa succosa nota aggiungiamo che l'intitolazione *racconto blu* si riferisce a quei libri che, per contenuto erotico o eversivo, si vendevano clandestinamente. Ed è con questa nostra edizioncina che il racconto (non compreso nemmeno nell'edizione della *Pléiade*) esce dalla clandestinità.

1985

---

* Questo è l'unico risvolto di copertina, di quelli raccolti in questo volume, di cui non è stato ritrovato negli archivi della casa editrice il testo originale. Tuttavia nessun dubbio che il risvolto sia stato scritto da Leonardo Sciascia che aveva voluto la pubblicazione del volume.

Joseph-Arthur de Gobineau
Adelaide

Dopo la lettura dei *Tre anni in Asia*, Mérimée scriveva a Gobineau: «Après votre grand ouvrage sur les races humaines... vous me paraissez un humoriste charmant». Malizia di un grande letterato verso un dilettante, crediamo – e di cui ci rallegriamo pensando al reo tempo che si è svolto da quel saggio di Gobineau sulla ineguaglianza delle razze umane; ma alquanto gratuita se consideriamo il narratore, l'autore del racconto *Mademoiselle Irnois* (n. 54 di questa collana) e di questo, anche più sottile, *Adelaide*.

1985

Corrado Alvaro
L'Italia rinunzia?

Parlando dei racconti di Alvaro, Cecchi diceva che in essi ogni dato dell'esperienza vi si trasforma e rifluisce in immagini d'una gravità a volte involuta, e tuttavia di una verità inoppugnabile; e che se un paesano, un contadino, avesse condiviso tali esperienze, le avrebbe, inarticolatamente, sentite in un modo molto vicino a come lo scrittore sapeva esprimerle. Ed è un giudizio che si può anche adattare a questo appassionato «pamphlet», tenendo conto, s'intende, che vi si tratta di un'esperienza collettiva e storica e che, in luogo delle immagini, vi sono le meditazioni, i concetti. Di una gravità non involuta, ma semplice; e di una verità inoppugnabile. Come poteva in quel momento averne sentimento e ragione – anche senza saperle esprimere – un paesano, un contadino. Scritto nel 1944, e pubblicato l'anno dopo, il «pamphlet» va letto come partecipazione di una «dignitosa coscienza e netta» al dramma di allora; ma anche per quelle inoppugnabili verità con cui l'Italia ancora deve fare i conti.

1986

Giuseppe Antonio Borgese
La città sconosciuta

Questo volume di novelle fu pubblicato da Borgese nel 1924, tre anni prima de *Le belle* (ripubblicato in questa collana al numero 66 e che è servito, in Italia come in Francia, a richiamare attenzione e consenso all'opera narrativa di questo nostro scrittore, la cui notorietà restava confinata a certe formule e pagine critiche). Alcune novelle furono poi trascelte dallo stesso Borgese, al ritorno in Italia dall'esilio americano, per entrare nella raccolta che s'intitolò *La siracusana*: ma crediamo valga la pena conoscerlo interamente, per come nel 1924 fu pubblicato. Poiché Borgese, il Borgese narratore, viene di solito ricordato per il romanzo *Rubè* – libro propriamente «importante» nella letteratura italiana di questo secolo, a spiegazione della «indifferenza» cui la nostra società era caduta dopo la guerra 15-18 – ma sono i libri come questo, come *Le belle*, che senza le asperità di *Rubè* e con più ricco e vario afflato danno più esatta (e godibile) misura della sua personalità.

1986

Maria Luisa Aguirre D'Amico
Come si può

Come si può: questo titolo, che Maria Luisa D'Amico ha estratto da una quartina di Antonio Machado, se da quieta e appena dolente constatazione la mutassimo in interrogazione, sarebbe un po' come lo strappo nel cielo di carta di cui si discorre nel capitolo dodicesimo del *Fu Mattia Pascal*: dalla tersa accettazione della vita di Machado ci sentiremmo precipitati nella tragedia del vivere di Pirandello.

Ma anche senza l'enfasi dell'interrogativo, il senso di questo racconto sta – per restare alla congenialità spagnola – in un «vivir desviviendo». Tra l'accettazione e il rifiuto. Tra l'accettare la «ley de la vida» e il sentire al tempo stesso la «pena di vivere così».

1986

Domenico Campana
La stanza dello scirocco

La stanza dello scirocco – quasi una leggenda, quasi una metafora – è una particolarità dell'architettura diciamo nobiliare della Sicilia: la stanza in cui trovare riparo e ricreazione nelle ore in cui il vento di sud-est dissecca, come dice l'antico poeta, la mente e le ginocchia. La si può anche immaginare come al centro di un labirinto, con dentro un Minotauro nato da ogni capricciosa e ardua promiscuità. A riparo del tempo meteorologico, la stanza dello scirocco è anche al riparo del tempo storico: per cui traslucide sovrapposizioni di epoche e di eventi vi si possono ricreare o, convergendo in un solo punto, dissolvervisi.

Qualcosa di simile e con tentacolari significati, si ha il senso che accada in questa «storia» di Domenico Campana: quasi che la metafora del racconto di Nathaniel Hawthorne, cui l'autore fa ad un certo punto riferimento, venisse a calarsi in altra metafora: siciliana, «gattopardesca».

1986

Fausto Pirandello
Piccole impertinenze

Fausto Pirandello cominciò a pubblicare il suo *quaderno* di appunti («cose viste», ricordi, impressioni di letture e riflessioni sull'arte) nel settimanale «Quadrivio», negli anni della guerra; e continuò a pubblicarne di questi suoi appunti, su riviste come «Letteratura» e «Botteghe Oscure»: ma sporadicamente estraendoli a grumi di una certa concordanza tematica da una mole di foglietti che ora sappiamo ingente e di ingente disordine. Amorevolmente, Maria Luisa Aguirre D'Amico, che le memorie della famiglia Pirandello alacremente coltiva – del nonno Luigi con l'*Album di famiglia* pubblicato nelle nostre edizioni, dello zio Fausto con questa raccolta – ne ha ordinato una parte, con preferenza per le note autobiografiche e di memoria dalle quali vien fuori, più immediatamente che da quelle sulla società, la letteratura e le arti, un Fausto Pirandello scrittore. E non sappiamo se e fino a che punto avrebbe gradito sentirselo dire, nel quasi ossessivo pudore – o paura – che sentiva nei riguardi della grandezza e della fama del padre: ma uno scrittore che somiglia, nell'attenzione alle cose, a Luigi Pirandello.

1987

Vincenzo Consolo
Retablo

«Retablo» – dice uno dei più sintetici e usuali dizionari della lingua castigliana – è «conjunto de figuras que representan la serie de una historia ò suceso»: e la scegliamo, questa definizione, che può sembrare angusta come quella che invece sottrae la parola all'ambito della pittura, cui appartiene, per vagamente sconfinarla nel campo della letteratura e, qui ed ora, in questo racconto cui dà titolo. Perché «retablo» è questo racconto non soltanto per il suo alludere alla pittura e, con quasi medianico gioco à rebours, a un pittore; ma per il suo svolgersi in figure di incantata e incantevole fissità, pur circonfuse di un movimento, di un cangiare e trepidare di linee, di colori, di eventi luministici che si direbbe aspirino, al di là delle parole, ma restando certa ogni parola, a una più ineffabile condizione. Sicché si può dire, per quel che vi si svolge e per come è scritto, che questo racconto è come un miracolo: il che, per altro esattamente si conviene alla parola «retablo», di solito i «retablos» in pittura rappresentando sequenze di fatti miracolosi.

Con questo racconto Vincenzo Consolo – cui già *La ferita dell'aprile*, *Il sorriso dell'ignoto marinaio*, e altre cose sparsamente pubblicate assegnavano una situazione di notevolissima e appartata presenza nella letteratura italiana d'oggi – raggiunge una sua perfezione e compie, nella tradizione della narrativa siciliana, una specie di «rovesciamento della praxis» realistica che a questa tradizione è peculiare.

1987

Quaderni della Biblioteca siciliana di storia e letteratura

Risvolti

Sciascia non amava la moltiplicazione delle collane editoriali: avrebbe auspicato, per la casa editrice che sentiva come «sua», una dimensione molto piccola e una sfera di lettori appartata. Tuttavia il crescente successo spingeva verso nuove iniziative, che lui, alla fine, varava: spesso inaugurandole con un suo testo inedito, come nel caso di questi «Quaderni», dal nome marcatamente crociano (del filosofo napoletano prediligeva il ripetuto abbinamento di storia e letteratura) e dai contenuti microstorici. Sciascia scriveva i risvolti. E capitava che parlasse di sé in terza persona.

Stendhal non riuscì mai a fare un viaggio in Sicilia. Lo vagheggiò sempre e più di una volta scrisse di averlo fatto. Per chi ama Stendhal – e per chi ama la Sicilia – fu una grande occasione mancata. E si può dire che con questo animo Sciascia indaga nei propositi, nei vagheggiamenti e nelle notizie che Stendhal ebbe relativamente alla Sicilia: luogo dell'immaginazione e per lo scrittore e per il console di Francia.

Leonardo Sciascia
Stendhal e la Sicilia

Stendhal non riuscì mai a fare un viaggio in Sicilia. Lo vagheggiò sempre e più di una volta scrisse di averlo fatto. Per chi ama Stendhal – e per chi ama la Sicilia – fu una grande occasione mancata. E si può dire che con questo animo Sciascia indaga nei propositi, nei vagheggiamenti e nelle notizie che Stendhal ebbe relativamente alla Sicilia: luogo dell'immaginazione e per lo scrittore e per il console di Francia.

1984

Orazio Cancila
Così andavano le cose nel secolo sedicesimo

Con manzoniana ironia: *così andavano le cose nel secolo sedicesimo*. In Sicilia. E cioè quando la mafia ancora non si chiamava mafia. Ma era già mafia, se nella rivalità degli istituti, nei conflitti giurisdizionali, nel gareggiare delle cariche del Regno, nelle inimicizie e nei punti d'onore dei singoli potenti si può intravedere (e si può senz'altro) qualcosa di simile al gioco oggi dei partiti e all'inserirvisi, parteggiando e patteggiando, di interessi particolari al di fuori di ogni legge. Il quadro che Antonio Montalto, avvocato fiscale (qualcosa di simile al procuratore generale di oggi, ma con più esteso potere e con maggiore difficoltà ad esercitarlo), fa della sicurezza pubblica e dell'amministrazione della giustizia in Sicilia è, nel mutare degli accidenti, sostanzialmente uguale a quello che se ne può trarre oggi. Come dice Cancila nella nota introduttiva: «magistrati assassinati da sicari alle dipendenze di potenti, elevato numero di delitti di sangue quasi sempre impuniti, connivenza tra potere politico e delinquenza, impotenza della magistratura, corruzione, tangenti, omertà, false testimonianze». Intorno al 1530 così come intorno al 1980. Quattro secoli e mezzo sono dunque passati sul fenomeno che, nella sua sostanziale continuità, possiamo chiamare mafioso, come acqua sulla pietra: a levigarlo, a perfezionarlo. E nonostante i tanti dichiarati propositi di annientarlo, le tante descrizioni ed analisi, le tante denuncie. Ma il nulla di fatto si può ascrivere a queste due impressioni che la lettura di queste pagine suscita: che a Carlo V non importasse nulla delle condizioni della Sicilia in ordine alla sicurezza pubblica e all'amministrazione della giustizia e che forse, anzi, le considerasse strumento del suo regnare; e che l'accorato relatore, il fiscale Antonio Montalto, non fosse così fuori dal gioco e così impotente come vuol far credere.

1984

D.L.S.L.L.S.D.C.
De La Signora Laura Lanza Signora di Carini

Salvatore Salomone Marino si arrovellò per anni a ricostruire, su una ingente quantità di frammenti e varianti, il poemetto sul tragico caso della baronessa di Carini, al tempo stesso cercando di ricostruire i fatti, che l'omertà dei contemporanei aveva reso oscuri. Discutibile (anche se felice) l'operazione filologica; di esatta intuizione, su evanescenti tracce documentarie, la ricostruzione storica, l'identificazione dei personaggi. I documenti risolutivi sono stati trovati, negli archivi spagnoli, in questi anni; ma finora nessuno aveva notato l'esistenza di un poemetto manoscritto, in una biblioteca italiana, che – sia pure incompleto – dichiarava l'identità dei personaggi e svolgeva con diverso sentimento e giudizio la tragica vicenda. Segnalato da Cesare Greppi, il poemetto è stato affidato alla cura di Laura Sciascia, che ne ha fatto la traduzione in italiano e ha scritto un saggio introduttivo in cui fa il punto della questione e formula l'attribuzione del poemetto a Girolamo Avila, barone della Boscaglia.

1985

Emanuele Bettini
Rapporto sui fatti di Bronte del 1860

Nel 1907, al professor Benedetto Radice che stava preparando una storia dei *fatti di Bronte* mossa da «carità del natio loco» e da amore alla verità, il colonnello Francesco Sclavo, «già con Bixio nel 1860, nel 6, 7, 8, 9 agosto a Bronte» (così, firmando, precisava), cui il Radice si era rivolto per avere una diretta testimonianza di quei fatti, rispondeva che gli pareva inopportuno rivangare «su quel triste passato» ed esprimeva la speranza che «pensandoci bene» rinunciasse il Radice a tornare «ai fatti dell'agosto 1860». Benedetto Radice ci pensò bene: e scrisse il *Nino Bixio a Bronte*. Ma gli italiani erano dell'opinione del colonnello Sclavo: nonché di Garibaldi, nemmeno di Bixio si poteva dir male. E ancora ai giorni nostri, se quel nobile e ottimo film di Florestano Vancini intitolato *Bronte, storia di un massacro* passò di volata sugli schermi dei cinema e della televisione e ancora suscitando risentimenti alla colonnello Sclavo. Il film, che partendo dalla novella di Verga *Libertà*, si era avvalso nella sceneggiatura (di Fabio Carpi, Leonardo Sciascia e Vancini) del libro di Radice e di nuove ricerche d'archivio, lo si può dire scomparso ed è quasi dimenticato. Ma nessuno che abbia vigile coscienza civile e che ritenga l'aspra verità preferibile alla blandente menzogna, può dimenticare quel punto dolente, quei fatti: ed ecco questo libro di Emanuele Bettini – «a carico» di Bixio, dei colonnello Sclavo, delle menzogne patriottiche e risorgimentali.

1985

Hans Peter Holst
L'amante di Bellini

Per il suo viaggio in Sicilia, Holst ebbe a Napoli, da monsignor Monticelli (cui era stato raccomandato dal re Cristiano VIII di Danimarca), «una commendatizia» per l'abate Francesco Ferrara: da non confondere col Francesco Ferrara, economista e uomo politico palermitano. L'abate Francesco Ferrara era catanese, insegnava fisica in quella Università ed aveva carica di Regio Intendente alle antichità. Studiava l'Etna: e ne aveva pubblicato, nel 1818, una «descrizione». Catania, l'Etna, le pietre laviche, la flora etnea, erano il grande e solo amore della sua vita: come subito dichiara ad Holst. L'abate era un «sicilianista» fervidissimo: e questa sua passione trasmetteva ad Holst, suo ospite durante il soggiorno a Catania.

Quasi a completare la raffigurazione della Sicilia aggiungendovi l'elemento della passione amorosa che diceva di non aver mai provato in vita sua, l'abate conduce una sera il suo ospite ad una festa organizzata, nel famoso convento dei Benedettini che poi De Roberto rappresenterà in tutta la sua ricchezza e grettezza, a commemorazione di Bellini: e Holst vi incontra donna Ismena, una donna che già fuggevolmente aveva incontrato a Palermo, nella visita al cimitero dei Cappuccini (un segno di morte che è presentimento di tutta la storia che Holst apprende, dopo la serata ai Benedettini, dall'abate). Donna Ismena è appunto «l'amante di Bellini». Il nome è alquanto improbabile, ma la storia – molto romanticamente affatturata da Holst – è probabilmente vera. Comunque, il racconto vale anche come ritratto della Sicilia in quegli anni.

1986

La diagonale

Risvolti

Ne «La diagonale» Sciascia pubblicò il suo ultimo libro, *Fatti diversi di storia letteraria e civile*. Per il nome di questa collana si ispirò alla denominazione colloquiale che i barcellonesi danno a una loro arteria cittadina. La collana venne pensata per una saggistica varia, di libera e disinteressata lettura, sul modello del saggismo alla Lamb (e alla Chesterton, scrittore che fornì il numero uno della collana: dal titolo, *Il bello del brutto*, inventato da Sciascia).

Gilbert Keith Chesterton
Il bello del brutto

Tra gli incontri di Cecchi con Chesterton, uno ce ne è stato casuale, fortuito, ma che ci appare significante e quasi propedeutico alla lettura di queste *difese*: «Nella primavera del 1920, al suo ritorno dalla Palestina, l'avevo incontrato a Roma, che usciva da un cinema di terzo ordine dove si produceva nientemeno che una *Gerusalemme Liberata*; e sarebbe stato impossibile immaginare flagranza d'un gusto più chestertoniano». Con tutta probabilità, si trattava della *Gerusalemme* girata da Enrico Guazzoni una diecina d'anni prima, nell'infuriare di quella produzione di film in costume che giunse al suo culmine con *Quo vadis?* e che dall'Italia passò poi all'America. Nulla, davvero, di più chestertoniano: e nel senso più largo, per cui Chesterton spettatore di film muti ci suggerisce o conferma l'idea che la sua opera – diciamo la sua opera narrativa: le storie di padre Brown, il *Manalive*, *L'uomo ch'era Giovedì* – trovi una certa connaturazione al cinema muto; e nel senso della «flagranza» in cui Cecchi lo coglie, e che non è da intendere come un averlo sorpreso a far qualcosa che volesse nascondere, in colpa o in caduta, ma come l'averlo visto a testimoniare di persona, a dichiarare sul piano personale, quel gusto per le cose che le persone cosidette di gusto respingono e condannano e di cui già si era fatto *difensore* (*The Defendant* è il titolo originale di questo libro) nel 1901: e si poteva credere astrattamente, per paradosso, per spirito di contraddizione.

È stato ancora Cecchi a dare questa immagine di Chesterton, particolarmente illuminante a misura in cui da descrizione fisica la si può trasferire a definizione critica: «Visto davanti Chesterton ha la figura di un vescovo. Ma il vescovo si rigira e visto di dietro ha la figura di un *clown*». E anche in queste pagine c'è il vescovo e c'è il *clown*. Un *clown* sublime.

1985

Luciano Canfora

La sentenza

C'è qualcosa di peggio del non fare una rivoluzione o (a piacer vostro) del farla: ed è il farla a metà. Da una rivoluzione fatta a metà discendono tante delle cose italiane in cui penosamente oggi annaspiamo; ed emblematicamente, quasi a farsene simbolo, discende il caso Gentile. Non il semplice fatto dell'uccisione a Firenze, il 15 aprile 1944, del filosofo Giovanni Gentile; ma tutto quel gioco di rivelazioni, di confessioni, di rimozioni, di reticenze che su quel fatto, da allora ad oggi, è venuto succedendosi: al punto che lo si può paragonare a un palinsesto di difficoltosa lettura. Per cui si può dire che una rivoluzione avrebbe assunto in pieno e legittimamente (appunto per legittimità rivoluzionaria) la responsabilità di quell'uccisione, mentre non sa e non può assumersela una rivoluzione fatta a metà.

Luciano Canfora, filologo e storico di antiche letterature, con appassionato impegno si è messo a scrutare il palinsesto del caso Gentile: alla ricerca della verità, tra le tante che sono state di volta in volta – proprio come sui vecchi palinsesti – dilavate, raschiate, sostituite. Ha fatto un libro di storia, con grande pazienza e scrupolo è arrivato a una ricostruzione della verità: ma –

da uomo che sa leggere i libri attraverso il mondo e il mondo attraverso i libri – senza perentoriamente affermarla e anzi al tempo stesso suggerendo di cercare nel guazzabuglio del cuore umano l'estrema, definitiva verità. Ed è perciò che da queste sue pagine, al di là dei documenti, delle date e dei dati vagliati con grande rigore e mestiere, suggestivamente Concetto Marchesi e Giovanni Gentile – e tanti altri minori: e per tutti ricordiamo quel Leonardo Severi, burocrate diventato ministro nel governo Badoglio, che pirandellianamente si cala nei piaceri dell'antifascismo ed accende, per così dire, la miccia del caso Gentile – si configurano come personaggi di una tragedia: della tragedia di cui dall'autunno del '43 alla primavera del '45, l'Italia è teatro.

1985

Ludovico Antonio Muratori
Il cristianesimo felice nelle missioni dei padri della Compagnia di Gesù nel Paraguai

Voltaire, *Candido*, capitolo XVI: «Sei dunque già stato nel Paraguay?» domanda Candido al servo Cacambo che gli propone la fuga in quella terra. «Ci sono stato davvero, rispose Cacambo. Sono stato inserviente nel collegio dell'Assunzione, e conosco il governo de Los Padres come le strade di Cadice. È cosa ammirevole, quel governo. Il reame ha più di trecento leghe di diametro, è diviso in trenta provincie, e Los Padres possiedono tutto e il popolo nulla: capolavoro della ragione e della giustizia. A parer mio, questi Padres sono cosa assolutamente divina: lì fan guerra al re di Spagna e al re di Portogallo, e in Europa li confessano; lì uccidono gli spagnoli, e a Madrid li mandano in cielo: questo mi incanta. Andiamo, e sarete l'uomo più felice...». Incantato, si capisce, ne era lui Voltaire: il groviglio di contraddizioni e di assurdità in cui coglieva «los Padres», e cioè i gesuiti, lo deliziava al massimo. E al piacere aveva unito l'interesse, partecipando finanziariamente all'armatura di uno dei vascelli che il re di Spagna aveva mandato contro i gesuiti del Paraguay. Dice in una lettera: «Il re di Spagna manda quattro vascelli da guerra contro i reverendi Padri... Io ho partecipato a finanziarne uno che, per colmo dello spasso, ha nome *Pascal*». Era davvero, per lui, il colmo dello spasso: investire denaro, e averne utile, in un'impresa contro i gesuiti e con un vascello che portava il nome di un grande giansenista. Tre colpi in uno. Ma nell'*Essai sur les moeurs* è alquanto attenuato, il suo divertimento, dal riconoscimento che i Padri qualcosa di buono hanno fatto nel governare il Paraguay.

Non pare che tra le notizie che Voltaire ebbe degli avvenimenti del Paraguay ci fosse questo libro di Muratori, che pure ebbe una traduzione francese; ma è da credere che su questo libro si basasse la ricostruzione drammatica che ai giorni nostri fece di quell'avvenimento l'austriaco Fritz Hochwaelder. La «pièce», in cinque atti, s'intitola *Il sacro esperimento*: e se ne diede lettura, negli anni del dopoguerra, nel Centro Cattolico Teatrale di Roma: fatto non insignificante, se consideriamo che il dramma volesse alludere a una possibile convergenza tra cattolicesimo e comunismo. Silvio D'Amico, che fece recensione della lettura, notò nel pubblico «una partecipazione vivissima, giunta gradatamente alla commozione e all'applauso». E crediamo che vivissimo sarà l'interesse del lettore per questa opera del Muratori.

1985

Charles-Joseph de Ligne
I giardini di Beloeil

Il principe di Ligne alla vigilia della sua morte: è un quadro di fantasia in cui si vede Ligne a letto, appoggiato a dei cuscini, che pare colto da stanchezza mentre sta raccontando qualcosa; e vicini al letto sono lo zar e il re di Prussia, ad ascoltarlo intensamente. Immaginando quella scena, il pittore volle celebrare, quasi in allegoria, quello che Ligne diceva di sé: «Amo la mia condizione di straniero dappertutto: francese in Austria, austriaco in Francia, l'uno e l'altro in Russia; ho cinque o sei patrie, e questo è il modo migliore per trovarmi bene in ogni luogo». In ogni luogo e incontrando gli uomini più rappresentativi del suo tempo, da Voltaire ai monarchi più illuminati, da Jean Jacques Rousseau a Giacomo Casanova. E di tutti ha lasciato spregiudicati, vivaci, indimenticabili ricordi.

Già qualche anno fa, in altra collezione, abbiamo dato un'antologia di scritti del principe di Ligne: *Aneddoti e ritratti*. La prima che si pubblicava in Italia. Pubblichiamo ora, curato da Anna Jeronimidis e Barbara Briganti, *I giardini di Beloeil*: un'opera gustosissima per come è scritta e di grande interesse per la storia dei giardini, del paesaggio.

Beloeil (che è come dire, a svegliare memorie letterarie a noi più vicine, Bellosguardo) era, nella sua tenuta, il giardino creato dal principe con grande diletto e che con grande diletto si proponeva di godersi. Ma al punto in cui la creazione attingeva alla compiutezza e quasi alla perfezione, la rivoluzione di Francia e poi il dilagare delle armate napoleoniche lo costrinsero ad esiliarsene: sicché Beloeil è stato anche un paradiso perduto, un paradiso perduto come lo si scopre, a guardar bene, in ogni grande o piccola storia umana.

1985

Gesualdo Bufalino
Cere perse

Nel «tempo di edificare» che è stato, per la letteratura italiana, augurio e presagio di Giuseppe Antonio Borgese, nel suo realizzarsi tra gli ultimi anni del fascismo e quelli del dopoguerra, sembrò che «capitoli», «elzeviri», «cose viste» e insomma tutto ciò che specialmente aveva trovato e trovava luogo nelle due prime colonne della terza pagina dei giornali fosse da *dare pietre a sotterrarli ancora*. Ci si è accorti poi che anche i «capitoli», gli «elzeviri», le «cose viste» – non sempre, si capisce, e non tutti – erano parte dell'edificare, dell'edificio (che finirà con l'apparire molto più saldo e vasto e ricco di quanto si credeva e ancora si crede). Cecchi e Praz cominciano ad essere ristampati, con sorpresa e godimento da parte del pubblico più giovane.

A questa linea, che tout court possiamo dire del miglior saggismo, appartengono le cose che Bufalino raccoglie in questo volume e che, nella varietà delle occasioni e dei temi, è di una straordinaria e felice coerenza. Vi si avverte pienamente una matura fedeltà a se stesso, una capacità di sicuro e affilato giudizio sui libri, sulle cose dell'arte e della vita, sugli avvenimenti tragici del nostro tempo e a volte faceti (impagabile è lo scritto sul modello 740); e sempre con una vena di limpido e sereno scetticismo, di ironia e di autoironia. Vi si può anche cogliere, come in una mappa, il retroterra degli altri suoi libri – apparsi improvvisamente in questi ultimi anni e che, quasi in eccezione a quel che di solito accade, hanno subito avuto giusto riconoscimento – ma è, sopratutto, un libro in sé godibilissimo; del godimento particolare che dà la letteratura quando l'intelligenza e lo spirito (si è tentati di dire l'*esprit*) vi si intessono.

1985

Mary McCarthy
Il romanzo e le idee

Il rappresentante commerciale di una delle nostre più prestigiose case editrici, uomo di irresistibile simpatia e di acuto buon senso, divide implacabilmente i libri di narrativa che vende (e li vende dopo averli letti) in due categorie: quelli che dicono dei «fatti suoi», e cioè dello scrittore, e quelli che dicono dei «fatti nostri». Gli uni e gli altri vende con eguale abilità, ma il suo cuore segretamente batte per quelli che dicono «i fatti nostri». E, grosso modo, il romanzo di idee è proprio questo: «fatti nostri».

Questo saggio di Mary McCarthy si può dire che validamente soccorra la distinzione e la preferenza del nostro acuto e arguto venditore di libri. E dall'accostamento del parere di colui che i libri li vende a quello di colei che li scrive, vien fuori qualcosa di simile all'avere torto di don Abbondio, che ad evidenza risulta dal fatto che il parere di Perpetua concordi con quello del cardinal Federigo. E in questo caso, a dirla nettamente, ne risulta il torto del romanzo *non di idee*, del romanzo *senza idea*, del romanzo al cui autore importarono meno le cose da metter dentro e più quelle da lasciar fuori. Ma oggi – dice Mary McCarthy – «le idee non sono più considerate come pertinenti al romanzo» e «un romanzo che includa delle idee si autodefinisce datato». Ci sono però, aggiunge, le strategie, gli stratagemmi e le franchigie per cui ci si sottrae a questa imposizione: e adduce qualche esempio, cui noi possiamo aggiungere quelli nostrani, divenuti mondiali, del *Gattopardo* e del *Nome della rosa*. Pertanto si può pienamente sottoscrivere la conclusione cui questo saggio appassionato e illuminante perviene: «se il romanzo deve essere rivitalizzato, tali strategie d'emergenza dovranno forse essere più frequentemente impiegate per disarmare e disorientare i critici e gli insegnanti di letteratura i quali, come sempre, sono i principali nemici del lettore».

1985

Simone Candela

I Florio

La rapidità dei ricambi, delle alternanze, delle sostituzioni e successioni è una «costante» della vita siciliana, della storia siciliana. All'interno di ogni categoria sociale – aristocrazia, «borghesia», imprenditorialità, mafia – non c'è mai stato l'assestamento di una «discendenza», di una continuità nell'ordine delle generazioni. Con antica voce sarebbe da dire che ogni principio contiene la fine, ogni ascesa la decadenza, ogni accumulazione la disgregazione: e nel rapido succedere, per dirla con l'immagine ultima del *Mastro don Gesualdo*, alle mani di coloro che «hanno fatto la pappa», le mani di coloro che imprevidentemente e prodigalmente la disperdono. Da ciò, appunto in Verga, quella specie di «superstitio» che alla volontà di mutar stato, e al mutarlo, assegna catastrofe e pena. Da ciò il dover mutar tutto affinché nulla muti del principe di Lampedusa.

A tale «costante» non sono sfuggiti i Florio. Ma sarebbe fin troppo facile, e di facile letteratura, inscrivere interamente in essa la loro parabola. Nella loro ascesa e nel loro declino si può anche intravedere una fatalità verghiana e lampedusiana: ma ci sono anche, e sopratutto, delle ragioni precise, delle ragioni «scientifiche»: nel senso che la scienza dell'economia può sceverarle e analizzarle. Quello che viene assunto come mito, un mito che oggi si assomma al «revival» della *bella epoca*, dell'*arte nuova*, del *liberty*, è un fatto: ha cause, concause, effetti che hanno a che fare con eventi storici, leggi dello Stato, mercati, concorrenze, errori. Ed è quel che in questo libro Simone Candela studia e mette in luce, attraverso un lavoro d'archivio finora trascurato.

1986

Maria Savinio
Con Savinio

Tra il 1949 e il 1952 Savinio pubblicò sul «Corriere della Sera» una serie di racconti che si possono dire «familiari» e di cui era protagonista un signor Dido non più autobiografico di quanto e di come, in ogni altro scritto, Savinio autobiografico è sempre, ma con sprazzi più frequenti, e debitamente trasfigurati, della sua vita quotidiana tra moglie, figli e domestiche. Già letti sul giornale, nell'arco di quasi tre anni, per i lettori più fedeli ed attenti di Savinio, quei racconti «facevano libro»: e fu fatto, col titolo de *Il signor Dido*, molti anni dopo la sua morte: a segno di una durata, di una vitalità, di una risonanza sempre più vasta, più ricca di echi, di suggestioni, di presentimenti e di avvertimenti, che in tutte le cose di Savinio, anche in quelle (e sono tante) che non si curò di raccogliere, vien meglio dispiegandosi nel tempo.

Questo libro – di ricordi della moglie, di lettere sue alla moglie, di disegni che si accompagnavano alle lettere, di fotografie – è documentazione e certificazione di una vita familiare vissuta, pur nelle inevitabili angustie, con serenità e fantasia, quasi giorno per giorno «inventata», e sotto il segno di un'intelligenza che diremmo, con altra parola a lui cara, «abitata» dai sentimenti più comuni, più saldi – e più antichi. Come nelle pagine del *Signor Dido*.

1987

Leonardo Sciascia
Fatti diversi di storia letteraria e civile

«Faits divers» sono, in francese, quelli che noi diciamo fatti di cronaca, cronache quotidiane, cronache a sfondo nero, passionali e criminali spesso, sempre di una certa stranezza e di un certo mistero.

Intitolando «fatti diversi» questa raccolta, si è voluto appunto dir parodisticamente, paradossalmente e magari parossisticamente, «cronache»: a render più leggera la specificazione, di crociana ascendenza, di «storia letteraria e civile».

La raccolta è la terza che io faccio di miei articoli e saggi dispersi, a tal punto dispersi che alcuni debbo all'attenzione e gentilezza di amici l'averli ritrovati. Si apre con una «notizia» sulla Sicilia in cui forse mi avviene di ripetere qualcosa che ho già detto. Ma si sa che il ripetere giova: a me certamente, anche se non a tutti i lettori.

Leonardo Sciascia

1989

Fuori collana

Risvolto

Al «Fuori collana», erano normalmente destinati libri di grande mole e di pochi lettori, testi amatoriali, talvolta illustrati. A questo di Hélène Tuzet, Sciascia era particolarmente affezionato, sia per ammirazione verso la figura e l'ingegno della scrittrice, che aveva dedicato anni e anni allo studio del Grand Tour in Sicilia, sia per la curiosità intellettuale verso il mondo guardato con gli occhi incantati del turista.

Hélène Tuzet
Viaggiatori stranieri in Sicilia nel XVIII secolo

Nata nel 1901, Hélène Tuzet è morta a Vanves il 15 marzo del 1987. L'operosa sua vita è stata quasi interamente dedicata allo studio delle cose italiane (insegnava letteratura italiana all'Università di Poitiers), e siciliane particolarmente. Non molti siciliani conoscono il suo nome, e ancor meno i suoi lavori: ma non c'è serio studioso della vita e della storia della Sicilia che ignori i suoi due grandi lavori sui viaggiatori stranieri che scrissero dell'Isola nei secoli XVIII e XIX. Il primo, pubblicato a Parigi nel 1945, dice – con vasta informazione ed attento esame – dei viaggiatori francesi che della Sicilia hanno scritto tra il 1802 e il 1848 (*Voyageurs français en Sicile au temps du romantisme*); il secondo, che è questo che finalmente si pubblica in traduzione italiana, di tutti gli stranieri che della Sicilia scrissero nel Settecento – e che sono poi quelli che fondarono il gusto del viaggiare in Sicilia e di scriverne come di un luogo su cui affilare sentimento e ragione – un luogo «chiave» per intendere splendori passati e presenti miserie. A monte di questi lavori di grande mole ed impegno, c'era stato, negli anni giovanili di Hélène Tuzet, un viaggio in Sicilia: da cui nacque un grande amore per questa nostra terra. Frequenti furono i suoi viaggi da quel primo – giovanissima, negli anni Venti – che poi descrisse in un piccolo libro, pieno di acute osservazioni, ripubblicato qualche anno fa. È tornata per la preparazione della traduzione di questo libro: e ne abbiamo un toccante ricordo.

1988

Schede di presentazione delle collane

Al momento dell'uscita di una collana da lui ideata, Sciascia scriveva una breve nota introduttiva alla collana stessa. Vi illustrava il progetto; e spesso la metafora, da cui derivava il nome. La Redazione ha usato le schede come comunicati dell'ufficio stampa o come presentazioni da affidare ai distributori. E vi ha attinto per le campagne pubblicitarie.

※ Uno dei più evidenti e gravi difetti della società italiana, e quindi di tutto ciò che – della cultura al costume – ne è parte, sta nella mancanza di memoria. Forse per la quantità eccessiva delle cose che dovrebbe contenere, la memoria si smarrisce, si annebbia, svanisce. ~~Sarebbe impossibile dirsi che i più ~~~~ ~~~~ ~~~~ ~~~~ ~~~~ ~~~~.~~ Tutto sembra, come la rosa del poeta, vivere nello spazio d'un mattino. E sarà magari perché si tratta di spinosissima rosa.

Intitolare una collana letteraria ~~alla~~ la memoria presuppone questa considerazione d'ordine generale, anche se con intenti più limitati: una esortazione a non dimenticare certi scrittori, certi testi, certi fatti. Si va dunque, in questa collana, dai racconti-inchieste di Sciascia come dalle parti

Scheda della collana «La memoria»

Uno dei più evidenti e gravi difetti della società italiana, e quindi di tutto ciò che – dalla cultura al costume – ne è parte, sta nella mancanza di memoria. Forse per la quantità eccessiva delle cose che dovrebbe contenere, la memoria si smarrisce, si annebbia, svanisce. Tutto sembra, come la rosa del poeta, vivere nello spazio di un mattino. E sarà magari perché si tratta di spinosissima rosa.

Intitolare una collana letteraria *la memoria* presuppone questa considerazione d'ordine generale, anche se con intenti più limitati: una esortazione a non dimenticare certi scrittori, certi testi, certi fatti. Si va dunque, in questa collana, dai racconti-inchieste di Sciascia come *Dalle parti degli infedeli*, gli *Atti relativi alla morte di Raymond Roussel*, *L'affaire Moro* all'arguta e maliziosa narrazione che Voltaire fa dei suoi rapporti con Federico di Prussia; da un dimenticato – ma indimenticabile una volta che lo si è letto – racconto di Anatole France a una relazione del principe di Biscari sui giocattoli degli antichi riletta dopo due secoli da Lidia Storoni Mazzolani con quella sua capacità di rivivere l'antico in una dimensione borgesiana; da un rac-

degli infedeli, gli Atti relativi alla morte di Raymond Roussel, l'affaire Moro all'arguta e maliziosa narrazione che Voltaire fa dei suoi rapporti con Federico di Prussia; da un dimenticato – ma indimenticabile una volta che lo si è letto – racconto di Anatole France a una relazione del principe di Biscari sui fichi cattoli degli antichi riletta dopo due secoli da Lilia Sforza Mazzolani con quella sua capacità di rivivere l'antico in una dimensione borgesiana; da un racconto di ~~moralità~~ intreccio di Moravia, scritto quarant'anni fa, alle pagine di Goethe sulla battaglia di Valmy; da un racconto ambiguo e inquietante di Turgheniev al Romanzo della Volpe splendidamente tradotto da Salvatore Battaglia. Una collana, insomma, che riserva scoperte, riscoperte, rivelazioni, sorprese e che già comincia ad avere un pubblico avvertitissimo.

conto di intreccio di Moravia, scritto quarant'anni fa, alle pagine di Goethe sulla battaglia di Walmy; da un racconto ambiguo e inquietante di Turghèniev al *Romanzo della volpe* splendidamente tradotto da Salvatore Battaglia. Una collana, insomma, che riserva scoperte, riscoperte, rivelazioni, sorprese e che già comincia ad avere un pubblico avvertitissimo.

Scheda della collana «La diagonale»

La città letteraria ha il suo centro e le sue periferie, le sue piazze, i suoi bastioni (dire boulevards farebbe, in questo caso, più gioco), le sue strade dritte e le sue viuzze serpentine, i suoi vicoli, i suoi cortili, i suoi chiassi e chiassuoli (che saranno magari sinonimi di vicoli, angiporti e passaggi, ma danno più nell'acustico: a dire dei rumori che a volte la letteratura produce), i suoi giardini, i suoi stabili in costruzione e quelli in demolizione: e con questa collana noi l'attraversiamo in diagonale, a somiglianza della famosa strada che attraversa Barcellona e che appunto è chiamata «la diagonale» (effimero il tentativo di chiamarla «avenida del generalissimo»). Una strada, insomma, che tocchi punti imprevedibili, angoli e slarghi ignoti o poco noti, che offra punti di vista – è il caso di dire – inediti. E valgano, a dirne la direzione e la novità del tracciato, questi primi titoli: *Il bello del brutto* di Gilbert Keith Chesterton, *La sentenza* di Luciano Canfora, *Il cristianesimo felice nelle missioni dei padri della Compagnia di Gesù nel Paraguai* di Ludovico Antonio Muratori, *I giardini di Beloeil* di Charles-Joseph principe di Ligne, *Vita di Seneca* di Denis Diderot.

Scheda della collana «L'Italia»

Una collana intitolata *L'Italia* (il migliore dei titoli possibili: ovvio, ma di grande novità, e sorprendente) dovrebbe essere intesa a dare un'immagine appunto dell'Italia nel tempo – e fino al nostro (al mio) ieri, evitando l'oggi – sfaccettata al massimo tra storia e fantasia, e con punte che possono anche sembrare estravaganti e paradossali: una giustapposizione di racconti, cronache, descrizioni, lettere, memorie, apologie e magari agiografie, capricci – in testi di relativa brevità e di agevole lettura. E valgano questi esempi:

Giovanni Maria Cecchi: *Il regno di Napoli* (dal *Compendio di più ritratti*);

Antonio Manetti: *Il Grasso legnaiolo*;

Machiavelli: *Descrizione del modo tenuto dal duca Valentino nell'ammazzare Vitellozzo...*;

Magalotti: *Diario di Francia*;

Liborio Romano: *Memorie*;

Alessandra Strozzi: *Lettere ai figli*;

Collodi: *Il viaggio per l'Italia di Giannettino*;

D'Annunzio: *Vita di Cola di Rienzo*;

Borgese: *Senso della letteratura italiana*;

Mario La Cava: *Caratteri*;

Guastella: *Il carnevale*;
Monti: *Proposta...* (antologia);
Trompeo: *Nell'Italia romantica sulle orme di Stendhal*;
di Lantosca: *Visita al Tommaseo*;

e così via, vagando tra il mal noto, il poco noto e l'ignoto.

Ad ogni testo dovrebbe seguire una breve nota, ma sufficiente e che lo colleghi all'idea di un ritratto dell'Italia di cui, negli intenti della collana, è parte.

Ideata da Leonardo Sciascia, la collana «L'Italia» è stata realizzata nel 1991. La cura Salvatore Silvano Nigro.

Note dell'editore

Sciascia scrisse per molti anni tutte le comunicazioni editoriali, senza firmarle, naturalmente: e gli accadde così, una volta, di ringraziare se stesso, quando invece era l'editore che ufficialmente ringraziava Sciascia scrittore.

Vito La Mantia
Origine e vicende dell'Inquisizione in Sicilia

Questo volume riunisce due lavori di Vito La Mantia pubblicati a distanza di anni: il primo nel 1886, nella «Rivista Storica Italiana» (volume III, fascicolo III) stampata a Torino dai Fratelli Bocca; il secondo nel 1904, a Palermo (Stabilimento Tipografico Giannitrapani). Poiché il secondo si può considerare un'appendice documentaria al primo, si è preferito ripubblicarli sotto il titolo che questo ebbe nella «Rivista Storica»: *Origine e vicende dell'Inquisizione in Sicilia*.
Riteniamo superfluo avvertire il lettore delle ragioni di questa ristampa: stanno, oltre che nella introvabilità dei due lavori nelle edizioni originali (i Fratelli Bocca fecero anche, del primo, un «estratto»), nel fatto che tranne Carlo Alberto Garufi tra il 1914 e il 1921, in una serie di scritti disorganicamente apparsa, nessun altro storico si è dedicato a studiare la lunga e dolorosa storia dell'Inquisizione spagnola in Sicilia. E si può dire che i lavori del La Mantia e del Garufi siano complementari: essendosi il primo servito delle non molte carte che si trovavano, e dovrebbero trovarsi ancora, nella Biblioteca Comunale di Palermo; e il secondo, ovviamente trascurando quel che già si conosceva dai li-

bri del La Mantia, di quelle in cui si imbatteva – mentre faceva ricerche sul regno di Vittorio Amedeo – nell'archivio di Simancas (erano allora a Simancas le carte dell'Inquisizione di Sicilia che si trovano ora nell'Archivo Historico Nacional di Madrid). Carte che ancora attendono un vaglio metodico e accurato e, ci auguriamo, appassionato quanto quello del La Mantia.

1977

Carlo Alberto Garufi
Fatti e personaggi dell'Inquisizione in Sicilia

Carlo Alberto Garufi, palermitano, nato nel 1868 e morto nel 1958, nella sua lunga e operosa vita pubblicò moltissimi studi di storia siciliana. Ma come spesso accade nella vita di uno scrittore, di un artista, di uno studioso – che l'opera maggiore, la più importante, finisce con l'essere quella dall'autore stesso più trascurata – è in questo *Contributo alla storia dell'Inquisizione di Sicilia nei secoli XVI e XVII* che noi oggi riconosciamo il lavoro suo più appassionato e durevole. Venuto su nell'archivio spagnolo di Simancas, in margine ad altra ricerca, questo *contributo* è in effetti qualcosa di più: due secoli di storia dell'Inquisizione spagnola in Sicilia attraverso documenti introvabili negli archivi siciliani. Certo c'è molta discontinuità – e qualche distrazione (per esempio: il processo a Pellegrina Vitello, Garufi prima ne attribuisce la registrazione a uno scriba spagnolo, poi ad Argisto Giuffredi, scrittore siciliano in quegli anni segretario del Sant'Uffizio); ma bisogna considerare che la redazione del lavoro va dal 1914 al 1921, man mano che l'*Archivio Storico Siciliano* veniva pubblicandolo. Né il Garufi lo aveva concepito unitariamente: per lui era come una serie di saggi su fatti e personaggi dell'Inquisizione nel cinque e nel seicento. E così abbiamo preferito intitolarlo: più propriamente e come omaggio a quel che c'è di più vivo e di indimenticabile in questo studio finora pochissimo noto.

1977

corsivo

Nota dell'editore

Queste pagine di Domenico Sciná (Palermo, 1765-1837) sono estratte dal Prospetto della storia letteraria di Sicilia nel secolo XVIII, un'opera che per vastità d'informazione e sicurezza di giudizio si può considerare fondamentale per una storia della cultura siciliana. Sono pagine che fanno racconto, scritte in una prosa esatta e divertita (Sciná è ~~senz'altro~~ il migliore scrittore in italiano che ci sia stato in Sicilia prima dell'Unità ~~senz'altro~~, ~~una~~ figurerebbe degnamente tra i prosatori scientifici italiani d'ogni tempo), e da uno che è stato testimonio dell'annosa e clamorosa impostura dell'abate Vella.

Al racconto dello Sciná abbiamo affiancato il saggio, condotto su documenti d'archivio, di Adelaide Baviera Albanese; un saggio che illumina aspetti e moventi dell'impostura che soltanto alla distanza di ~~~~ più che un secolo e mezzo e ad una sagace ricerca potevano rivelarsi.

Domenico Scinà
Adelaide Baviera Albanese
L'arabica impostura

Queste pagine di Domenico Scinà (Palermo, 1765-1837) sono estratte dal *Prospetto della storia letteraria di Sicilia nel secolo XVIII*, un'opera che per vastità d'informazione e sicurezza di giudizio si può considerare fondamentale per una storia della cultura siciliana. Sono pagine che fanno racconto, scritte in una prosa esatta e divertita (Scinà è il migliore scrittore in italiano che ci sia stato in Sicilia prima dell'Unità, e figurerebbe degnamente tra i prosatori scientifici italiani di ogni tempo), e da uno che è stato testimonio dell'annosa e clamorosa impostura dell'abate Vella.

Al racconto dello Scinà abbiamo aggiunto il saggio, condotto su documenti d'archivio, di Adelaide Baviera Albanese (pubblicato nel n. 4, 1963, dei «Nuovi quaderni del meridione»); un saggio che illumina aspetti e moventi dell'impostura che soltanto alla distanza di più che un secolo e mezzo e ad una sagace ricerca potevano rivelarsi.

1978

William H. Prescott
Gli ultimi anni di Carlo V

William Hickling Prescott nacque a Salem nel 1796. Di una sua opera – *Ferdinand and Isabella* – qualcuno poi disse che era stata ideata e costruita come un veliero dei cantieri di Salem, e destinata a salpare verso i lettori affascinati delle generazioni future; ma si potrebbe anche dire che i cantieri e il porto di Salem – città in cui passò gli anni dell'infanzia, fino al 1808 – sono stati probabilmente, per le opere storiche di Prescott, quelli che Vittorini, per lo storico siciliano Michele Amari, dice «punti di partenza»: «una seduzione del cuore, qualche favolosa idea...». Una favolosa idea dell'Europa, nel caso di Prescott; e una seduzione a ripercorrere l'avventura spagnola della conquista di quel Nuovo Mondo in cui lui era – un po' troppo tardi, come ogni uomo d'immaginazione nei riguardi delle grandi avventure – nato. E il richiamo a Michele Amari, se le opere di Amari fossero conosciute quanto quelle di Prescott, apparirebbe assolutamente pertinente: per la formazione, il temperamento e gli intendimenti di entrambi; per come l'opera di entrambi è scritta («unisce», diceva ancora Vittorini di Amari, «alle doti del critico il genio del visionario, e con una completezza, una discrezione e un'intensità...»). Capostipite del loro modo di far storia è stato – da Prescott dichiarato – *Il secolo di Luigi XIV* di Voltaire; grande amore di entrambi Walter Scott; e le loro pagine sono percorse, come un amico e collega di Prescott aveva teorizzato, da «un soffio di sentimento popolare, di indipendenza democratica e di libertà». Anche se né l'uno né l'altro sono di netta formazione romantica, le loro opere decisamente s'appartengono alla grande storiografia romantica.

Di Prescott sono largamente conosciute in Italia *La conquista del Messico* e *La conquista del Perù*. Non è stata mai tradotta l'opera sul regno di Ferdinando e Isabella e certamente è stata dimenticata la traduzione di questo saggio sugli ultimi anni di Carlo V. Scritto da Prescott come continuazione al Carlo V di Robertson, che aveva trascurato la vita dell'imperatore dopo l'abdicazione, il saggio fu gustosamente tradotto da un avvocato, Andrea Veniero, e pubblicato a Venezia nel 1862. Lo ristampiamo tal quale e soltanto eliminando qualche nota del traduttore che ci è parsa superflua: del tipo, per esempio, di quella che metteva in risalto la parte avuta dai veneziani nella battaglia di Lepanto.

1978

Oscar Wilde
Il delitto di lord Arturo Savile

Federigo Verdinois (nato a Caserta nel 1844, morto a Napoli nel 1927), narratore, giornalista (i suoi *Profili letterari* sono stati ristampati nel 1949 da Elena Croce), era anche «buon conoscitore di lingue straniere, dell'inglese, del russo e del polacco» – e forse, bisogna aggiungere, il primo a tradurre direttamente dal russo in Italia – e «tradusse in corretta forma italiana centinaia di romanzi e volumi di novelle, e fu lui che scoperse per gli italiani, e per primo mise in italiano, il *Quo vadis?* del polacco Sienkiewicz» (Benedetto Croce, *Letteratura della Nuova Italia*, vol. V). Tra le sue traduzioni, questa del famoso racconto di Wilde *Il delitto di lord Arturo Savile*, pubblicata a Napoli nel 1908 dalla Società Editrice Partenopea col titolo *Il dovere del delitto*. Il racconto, che riceve oggi luce di attualità da un ritorno alla pratica di auspici, predizioni, oroscopi e chiromanzie, è forse, in altre versioni, sufficientemente conosciuto: ma si è voluto ristampare questa del Verdinois quasi come pretesto a una rievocazione del soggiorno a Napoli di Oscar Wilde. Di questo soggiorno discorre, a modo di introduzione al *Delitto di lord Arturo*, un Arnaldo De Lisle (che crediamo napoletano nonostante il nome o il pseudonimo francese): e gustosamente, con uno spirito, un brio, una spregiudicatezza che non ebbe invece la Serao quando, su «Il mattino» del 7 ottobre 1897, pubblicò questo «moscone»:

«C'è o non c'è?

«Qualcuno ha annunziato che in Napoli si trovi Oscar Wilde, il *decadente* inglese che diede così larga copia di argomenti ai cronisti coscienziosi alcuni anni or sono a proposito di un processo ripugnante. Questo annunzio ha messo molte persone, tra le quali l'umile sottoscritto, in una certa trepidazione confinante col panico. Come? Oscar Wilde a Napoli? Ma sarebbe una calamità, la presenza tra noi dell'esteta britannico, sia pure – come si annuncia – sotto falso nome! Noi avremmo assai vicino il più insopportabile tipo di seccatore che le cronache contemporanee abbiano inflitto al pubblico paziente! Vi ricordate il putiferio che si fece, lungamente, assordantemente, intorno a questo nome resosi celebre nel mondo assai più per gl'immondi errori di chi lo porta che per le opere, pregevolissime per forma eletta, del suo ingegno acuto e scintillante? Dappertutto, in quel tempo, si era perseguitati dal *caso Oscar Wilde*: non v'era grande o piccolo giornale che non vi consacrasse una colonna, almeno, ogni giorno; non vi era scombiccheratore di carte che non esercitasse il suo spirito di analisi e di critica allo studio del poeta, dell'esteta e del colpevole singolarissimo. Perfino la sua condanna ai lavori forzati per un certo numero di anni diede luogo al dilagare di un fiume di erudizione e di discussioni sul lavoro coatto in Inghilterra, su le acerbe pene dei condannati e su la rigidezza dei giudici di S. M. gloriosissima. Poi, finalmente, le trombe della trista fama immondamente acquistatasi da colui che era stato ad un pelo per diventar poeta laureato della corte inglese si tacquero, per stanchezza o per tardiva pietà per le orecchie del prossimo: e Oscar Wilde fu lasciato alla sua sciagura, ai suoi pentimenti, alle sue pene. Si respirava un poco: il flagello wildiano pareva dileguato. Ce ne era tempo perché esso percotesse di nuovo la pazienza dell'umanità! Quasi quasi vi era di che ringraziare i giudici britannici per la loro severità in fatto di infliger pene a gli odiosamente pervertiti! Ma ecco che, all'improvviso, di Wilde si riparla, e la curiosità ritorna, e i cronisti si affaccendano a scoprire questo sciagurato – pentito, forse, ravveduto, desioso di pace, desioso di nascondersi nel silenzio e nell'oblio – si accingono ad inseguirlo, forse o senza forse ad intervistarlo, a descriverne le minute occupazioni! E noi potremo resistere a questo ridestarsi del morbo che pareva estinto! Oh! No. Stia o non stia a Napoli, l'esteta raffinato – raffinato a modo suo, s'intende! – io protesto in nome della gente per bene, in nome della gente che vuol vivere tranquilla, in nome della pace del Wilde stesso (il quale ha diritto di chieder mercé e discrezione, dappoiché anche ai grandi colpevoli condannati al capestro è consentito questo diritto) perché non ci si infligga più una cronaca wildistica! Ma, poi a conti fatti, può star nascosto tra noi quell'infelice? A me pare di no: egli deve essere ancora in una crudele carcere inglese, ad espiare il suo fallo, a piangere su le esagerazioni bizzarre dell'estetismo. Solo – e ciò, forse, spiega l'equivoco per cui egli fu creduto a Napoli – da investigazioni scrupolosamente fatte dai miei informatori, risulta che l'*altro*, come direbbe il buon Colautti, il complice di Wilde, quel giovane lord Douglas che porta così poco decorosamente il nome di una delle maggiori famiglie storiche della Gran Bretagna, se ne sta da sei o sette mesi in Napoli, nella quiete seducente di Posillipo, in una villa romita, nella quale si è dedicato, pare, ad occupazioni letterarie. E che il Signore gli usi misericordia anche a quel traviato imberbe, innamorato dell'estetica, e lo lasci solo, in compagnia dei suoi fantasmi venusti!».

Altra traccia del soggiorno di Wilde a Napoli si trova nel «Pungolo Parlamentare» del 9-10 ottobre 1897: un'intervista che pare si possa attribuire a Eugenio Zaniboni (traduttore dell'edizione sansoniana del *Viaggio in Italia* di Goethe). Come il «moscone» della Serao, crediamo valga la pena riportarla, a completare le dirette testimonianze sul soggiorno napoletano di Wilde che pare siano ignote anche ai suoi biografi più attenti.

«La notizia che Oscar Wilde – colui che mancò poco non fosse nominato il poeta laureato della Corte d'Inghilterra e le cui teorie estetiche invece ebbero la loro conclusione in una condanna ai lavori forzati, duramente scontata, – fosse, da varie settimane, qui a Napoli, in una remota e deliziosa villa a Posillipo, si era sparsa in qualche crocchio artistico e giornalistico, ed era stata commentata un po' soverchiamente, con sottintesi e allusioni fatte di riminiscenze platoniche e socratiche.

«Quest'esteta contro cui si scatenò ferocemente l'ipocrisia inglese con un accanimento speciale dei giudici, dei giornali, della pubblica opinione, – per quanto vizioso e corrotto – è finito per diventare un tipo interessante ed acquistare quella celebrità che fuori della patria non gli avevano procurato i suoi drammi e i suoi romanzi meravigliosi per finezze stilistiche e per finzioni artistiche. Colui che si macchiò d'un peccato, tanto più mostruoso, in quanto che alcuni pervertiti hanno voluto idealizzarlo quasi come un canone estetico della vita – ha sofferto ed espiato. Si è emendato?

«Egli è sceso in Italia insieme a quel lord Douglas il cui nome venne spesso a galla durante lo svolgersi del processo e la loro unione, ahimè! fa a molti supporre che i lavori forzati non abbiano spento nel celebre scrittore il vizio estetico, che gl'inglesi considerano come una doppia incarnazione del male.

«Io, che ho avuto la strana curiosità di avvicinare questo superuomo e di tentare con lui un'intervista, non so immaginare la grandezza incommensurabile del suo egoismo, che lo rende estraneo a tutto ciò che non abbia rapporto alla sua persona, cercando, come meglio può, di realizzare un ideale di vita, che la gente sana ed equilibrata non può che giudicare mostruosa.

«Il Wilde è alla villa del Giudice a Posillipo: questo lo sapeva come gran parte dei lettori: il difficile era di giungere a lui avendo egli dato delle severe disposizioni per non essere avvicinato.

«Egli è dungue a Napoli da circa un mese; prese prima stanza all'*Hôtel Royal* con l'amico suo lord Douglas, dall'*Hôtel Royal* passò a villa del Giudice ove sono degli splendidi appartamenti mobiliati.

«Ma come venir meno alle severe disposizioni date?...

«La custode – alla quale confessai lealmente il desiderio mio – non seppe rispondermi.

«– *Signorino mio* – disse la buona donna – *milord nun vò vedé nisciuno!*

«Ma questo primo inciampo non mi sconvolse, misi fuori tutta la mia dialettica e finalmente riuscii a far breccia nell'animo della custode.

«– *Mo facimmo na cosa, ve chiammo 'o servitore 'e milord, isso ve po' fa trasì.*

«– E chiamatemi il servitore di milord – annuii entrando

nella villa e scendendo il bel viale ombroso che porta agli appartamenti.

«La buona donna mi fece segno di aspettare presso una porta a pianterreno, una porta a vetri *bleu* e bianchi, opachi; era lì l'appartamento di Oscar Wilde.

«– *Aspettate nu momento*.

«Attesi. Il luogo era bellissimo, intorno intorno aiuole di fiori tenute con cura grandissima; più lungi viali ombrosi, tra gli alberi la vastità del mare calmo, d'una tinta livida che si slargava fino all'orizzonte. Un silenzio profondo.

«– Chi desidera il signore? – Era il servitore che mi toglieva dalla mia contemplazione.

«– Vorrei sapere chi è in casa, il signor Wilde o lord Douglas?

«– Lord Douglas è fuori, vi è il signor Wilde; io sono il suo servitore.

«– Mi ci vorreste annunziare?

«– Ma... nessuno può essere ricevuto, gli ordini sono rigorosi.

«E qui una nuova dose di dialettica per convincere quest'altro che non dimostrava affatto l'intenzione d'essere convinto.

«Il servitore a poco a poco si persuase, lasciò un vassoio che aveva tra le mani ed entrò dal suo padrone, qualche minuto dopo la porta a vetri si riapriva e il servitore mi faceva cenno di entrare.

«Entrai e mi sedetti.

«O numi del cielo! Chi aveva mai annunziato quel cane di servitore? Vidi una massa bianca che si dirigeva affettuosamente verso di me e quel saluto che si annunziava troppo cordiale – vi giuro, o lettori – non mi produsse un grande piacere.

«Ma ad un tratto l'affettuosità del primo momento disparve completamente, il Wilde si avvicinò ancora a me con passo lento e con uno sguardo glaciale ed interrogativo.

«E allora io potetti vederlo bene.

«È un uomo sui quarant'anni, alto, dalla complessione vigorosa, l'occhio chiaro dell'inglese, dal volto accentuatamente colorito, il labbro ed il mento rasi con grandissima cura. I capelli d'un biondo splendido tenuti con cura straordinaria gli scendono intorno al volto molto allungato, uno di quei volti cavallini che nel tipo inglese si incontrano sovente.

«Lo strano di quell'uomo è quando egli dirige la parola: uno dei denti incisivi superiori, e propriamente l'incisivo medio di sinistra è un sol pezzo d'oro assicurato nella gengiva, dell'oro chiude qualche altro dente corroso; quando l'esteta apre la bocca, quel metallo luccica stranamente.

«Ma la nota particolare del Wilde è l'eleganza del vestire.

«Aveva un perfetto vestito di lana bianca, di quelle lane inglesi insuperabili, una ricca camicia di seta dai risvolti a ricami, sotto il collo della camicia una cravatta a nocca, una striscia vermiglia sul biancore del vestito.

«– Signor Wilde – cominciai, tanto per pigliar tempo – le chiedo scusa; forse il suo servitore non le avrà ripetuto bene il mio nome.

«– Infatti... credevo...

«– Ma in tutti i modi, giacché la sua venuta in Napoli è già conosciuta, vuole avere la cortesia di dirmi da quanto tempo è qui?

«– Io e il mio amico venimmo a Napoli da circa un mese; pigliammo alloggio all'*Hôtel Royal des Etrangers*; giovedì scorso venimmo qui.

«– E si tratterranno molto?

«– Ma... non sappiamo. Il luogo è delizioso, forse resteremo qualche tempo ancora, almeno....

«– E lei, signor Wilde, si occuperà di arte; avrà forse – non è vero? – preferito questa dolce solitudine per acquistare quella calma dello spirito tanto necessaria allo scrittore?

«– Ma... per ora... no, veramente.

« Non ho ancora deciso quel che farò, dipende dal tempo che ancora resterò qui.

«E della vita attuale ne sapevo abbastanza. Qualche domanda sulle precedenti disgrazie del poeta, mi correva alla mente e per logica deduzione tentava di corrermi alle labbra, scacciai la scabrosa idea più d'una volta e finalmente azzardai:

«– Ed ha lasciato da molto tempo l'Inghilterra....

«– Non capisco.

«Ripetetti la domanda: fu inutile.

«L'Inghilterra aveva dovuto agire in uno strano modo sul sistema nervoso del superuomo; dilatò gli occhi come se gli avessi domandato di quadrare il circolo, e se ne stette lì, muto, immobile quasi inseguendo dei lontani ricordi da tempo sopiti.

«Mi accorsi di averla fatta grossa, lo salutai e me ne andai. Egli mi fece un lieve cenno di testa e si ritrasse.

«Ma un po' di notiziario, diremo così, intimo del poeta e dell'amico suo, l'ho pure attinto e lo regalo ai lettori. Lo do per autentico, essendomi stato fornito da persone che sono presso i due viaggiatori.

«L'appartamento dei due amici è composto di sei o sette camere arredate benissimo, i due amici, a quanto pare vi resteranno ancora per qualche tempo.

«Al servizio di Wilde e di lord Douglas vi sono, un cuoco che i due portarono con loro da Capri e due servitori, due bei ragazzi dalle facce pulite e muliebri, di quei volti in cui l'estetica di Wilde tanto profondamente si compiace.

«I malevoli vicini della villa del Giudice hanno voluto tessere delle calunnie sul conto di questi due poveri ragazzi, i quali con le loro belle guance paffute e i loro occhi ingenui, sembrano ridersene completamente di queste stupide dicerie.

«Nulla è più facile che il vedere uscire, verso l'una, le due della notte, o Oscar Wilde o lord Douglas; si avviano soli per Posillipo tornando il mattino dopo.

«I due amici passano il giorno in continue passeggiate per Posillipo e vengono a Napoli spesso, qualche volta restano in villa a conversare e allora la conversazione è spesso interrotta da abbondanti libazioni che si protraggono fino all'ora del pranzo.

«Quando io vidi Oscar Wilde, l'amico suo non era in casa; era uscito la sera prima e non ancora – alle 10 – era entrato.

«E così, m'indugiai ancora qualche minuto per i bei viali; voltando a destra, da lontano, io vidi ancora la figura di Oscar Wilde; come le tende alla finestra erano un poco discoste da un lato, vidi il poeta presso il piccolo terrazzo, disteso su una poltrona a sdraio; le sue labbra indolenti tiravano il fumo dalla sigaretta e gli occhi di lui vagavano, vagavano in alto su pel cielo cinereo, ove fra i groppi di nuvole s'addensava la minaccia della pioggia imminente».

1979

Ramon Fernandez
Messaggi

In questa edizione italiana dei *Messaggi* sono stati esclusi i saggi su Newman e Maritain: e per l'opposta ragione per cui, dal volume *De la personnalité*, è stato estratto e incluso in questo il saggio su Pirandello. E cioè per favorire l'approccio dei lettori italiani a questo grande critico da noi poco noto finora.

1979

Questo saggio di Serafino Amabile Guastella, che nell'edizione originale s'intitola Una leggenda poetica siciliana (stampata a Modica nel 1878) è tra i suoi primi lavori e il meno conosciuto: e si potrebbe dire del tutto sconosciuto, considerando quanto poco conosciuta sia tutta l'opera del Guastella, a parte Le parità morali che in questi ultimi anni ha avuto la fortuna di tre ristampe (una con prefazione di Giuseppe Cocchiara – editore Cappelli – le altre due con un saggio introduttivo di Italo Calvino – Regione Siciliana e Rizzoli). Noi lo offriamo come anticipazione all'intera opera del Guastella che intendiamo ripubblicare con tutta l'attenzione che merita e di cui finora non ha potuto. In quanto all'argomento del saggio, è da dire che l'area di ricerca del Guastella ebbe limiti nel ragusano (l'antica Contea di Modica) e che il culto di Santa Maria della Catena (che libera dalle catene) è molto più diffuso di quanto il Guastella credesse, e specialmente (et pour cause) nella Sicilia occidentale.

Serafino Amabile Guastella
La Madonna della Catena

Questo saggio di Serafino Amabile Guastella, che nell'edizione originale s'intitola *Una leggenda poetica sicula* (stampata a Modica nel 1878) è tra i suoi primi lavori e il meno conosciuto: e si potrebbe dire del tutto sconosciuto, considerando quanto poco conosciuta sia tutta l'opera del Guastella, a parte *Le parità morali* che in questi ultimi anni ha avuto la fortuna di tre ristampe (una con prefazione di Giuseppe Cocchiara – editore Cappelli – le altre due con un saggio introduttivo di Italo Calvino – Regione Siciliana e Rizzoli). Noi lo offriamo come anticipazione all'intera opera del Guastella che intendiamo ripubblicare con tutta l'attenzione che merita e di cui finora non ha goduto. In quanto all'argomento del saggio, è da dire che l'area di ricerca del Guastella ebbe limiti nel ragusano (l'antica Contea di Modica) e che il culto di Santa Maria della Catena (che libera dalle catene) è molto più diffuso di quanto il Guastella credesse, e specialmente (*et pour cause*) nella Sicilia occidentale.

1984

La noia e l'offesa
Il fascismo e gli scrittori siciliani

1976

Tra la «noia» (brancatiana) e l'«offesa» (vittoriniana), Sciascia fece scorrere l'«immagine del fascismo» così come ci è stata consegnata dalle pagine degli scrittori siciliani. In un'antologia memorabile. Riproposta nel 1991, nella collana «Il castello». Dopo la prima edizione, pubblicata in concomitanza del trentennale della Liberazione, nella serie «Prisma».

Disegno di Mino Maccari. Venne pubblicato per la prima volta su «Il Selvaggio» del 25 ottobre 1938, accompagnato dai seguenti versi: «A Telesio Interlandi / Or ciascun si raccomandi, / Presentando, come logico, / L'albero genealogico». Appena due mesi prima era iniziata la campagna razzistica in Italia e Interlandi, siciliano, che dirigeva già «Il Tevere», era diventato direttore della rivista «La difesa della razza».

Premessa

Alla data del 16 giugno 1938, in un suo diario pubblicato dopo la fine del fascismo, Leo Longanesi annotava: «Fra vent'anni nessuno immaginerà i tempi nei quali viviamo. Gli storici futuri leggeranno giornali, libri, consulteranno documenti d'ogni sorta ma nessuno saprà capire quel che ci è accaduto. Come tramandare ai posteri la faccia di F. quando è in divisa di gerarca e scende dall'automobile?».

Si dirà che la faccia di F. in divisa di gerarca e mentre scende dall'automobile è stata tramandata da migliaia di fotografie, da chilometri di filmati Luce: e diciamo di F. per dire di tutti i grandi e piccoli gerarchi. Ma quel che gli italiani sentivano nel vedere la faccia di F. quando in divisa di gerarca scendeva dall'automobile, è impossibile ritrovarlo in una fotografia o in un film. Ancora più difficile ritrovarlo in un libro di storia.

Dopo quarant'anni, gli italiani che hanno vissuto il fascismo (e che lo abbiano accettato o subito o avversato), gli italiani che hanno visto «la faccia di F. quando è in divisa di gerarca e scende dall'automobile», sono in grado di verificare la giustezza della previsione di Longanesi. Ci sono ormai tanti libri di storia, il fascismo è stato per ogni verso descritto e analizzato, se ne conoscono le cause, le concause, gli effetti: ma sempre meno i giovani riescono a immaginare il tempo fascista, sempre meno riescono a capire che cosa sia accaduto a due generazioni di italiani: a quella che volle o che fu chiamata a combattere la guerra del '15-18 e a quella che intorno a quegli anni nacque.

Questa antologia vuol dare una immagine del fascismo, nel suo farsi e nel suo disfarsi, attraverso la più immediata trascrizione di coloro che lo hanno vissuto come scrittori, come artisti, come intellettuali – e insomma come uomini, per dirla pirandellianamente, che vivono e si vedono vivere: con tutte le implicazioni che comporta il «vedersi vivere». L'immagine riguarda particolarmente la Sicilia, e viene dalle pagine di scrittori siciliani. Ma non per un criterio limitativo o, peggio, di sciovinismo regionalistico: soltanto per l'esigenza di conferire all'immagine quella concentrazione e concretezza che di solito la Sicilia offre per ogni male italiano.

La noia

Il dannunzianesimo, l'interventismo, il combattentismo: sono gli elementi che si giustappongono a preparare, a generare, a dare forma (i riti, il linguaggio) al fascismo di Mussolini; al fascismo nuovo che Mussolini innestava su un più antico fascismo. D'Annunzio era scrittore europeo. Ma il dannunzianesimo era fenomeno che sopratutto investiva la provincia italiana, l'Italia provinciale. L'arrivo a Pachino del libro terzo delle *Laudi* (*del cielo – del mare – della terra e degli eroi*), nei primi anni del secolo; l'impressione che la poesia *Gli indizii* produce nella «intellettualità» paesana e particolarmente nel giovane Francesco Maria; lo stupore e l'ammirazione per quel poeta «più, più» – più di Leopardi, più di qualsiasi altro poeta italiano il farmacista tenesse tra i suoi libri e Francesco Maria avesse studiato a scuola; questo avvenimento, questo evento ed avvento, riassume quel che effettualmente si verifica in tutta Italia. Francesco Maria, adolescente al momento della rivelazione dannunziana, è della stessa generazione di Filippo Rubè (solo che il rapporto autore-personaggio è tra i due diverso: Borgese aveva subito preso le sue distanze da D'Annunzio, mentre Brancati aveva faticato a trovarle): una generazione di disoccupati intellettuali che s'involgeva in una velleità d'azione cerebralistica e anarcoide; una generazione che chiedeva alla vita quel «più, più» che il farmacista di Pachino cercava nella poesia.

La guerra e il fascismo furono il «più, più» di questa generazione. Morendo sotto una carica di cavalleria, indifferente tra il rosso e il nero e ambiguamente assunto a vittima dall'una e dall'altra parte, Rubè ne anticipa le delusioni. Della sua indifferenza, della sua noia, saranno eredi i personaggi di Moravia e di Brancati.

Seguivano i seguenti brani:

Vitaliano Brancati, «D'Annunzio arriva a Pachino», da *La singolare avventura di Francesco Maria*, 1945.
Giuseppe Antonio Borgese, «Rubè va in guerra», da *Rubè*, 1921.
Giuseppe Antonio Borgese, «Tra il rosso e il nero», da *Rubè*, 1921.
Vitaliano Brancati, *La noia nel '937*, 1958.

Il sorgere della coscienza antifascista

Il suicidio di Domenico Vannantò in un albergo di Caltanissetta è assolutamente simbolico. In un certo senso s'appartiene alla biografia di Brancati: «Sui vent'anni, io ero fascista sino alla radice dei capelli...». Nel 1937, ucciso il Brancati fascista dalla trionfalistica noia di quelli che lo storico De Felice chiama «gli anni del consenso», del consenso degli italiani al fascismo, c'è il Brancati antifascista: a Caltanissetta appunto, dove insegnava e da dove mandava al settimanale «Omnibus» lettere e racconti in cui acute osservazioni di costume e allegorie amare e grottesche alludevano alla condizione umana sotto il fascismo. Di tale condizione dava rappresentazione anche Elio Vittorini: più astrattamente di Brancati nei moduli espressivi mutuati dalla contemporanea narrativa nord-americana, con più diretta allusione nelle formule di «Sicilia come Venezuela, come India, come Spagna» e di «mondo offeso» e di «altri doveri» che la generazione più giovane, quella nata intorno agli anni della marcia su Roma, assumeva come bandiera dell'avversione al fascismo, di sentimento più che di ideologia, in cui si trovò alla caduta della Repubblica spagnola e al principio della seconda guerra mondiale. Questa generazione – così come quella di Brancati e Vittorini da Borgese, Croce e pochi altri – ebbe da Vittorini e da Brancati (e, si capisce, da Moravia e da Montale) le prime lezioni di antifascismo; di un antifascismo che poi alcuni svolsero e rappresentarono (Bonaviri, Sciascia, Addamo) nel mutato – ma non molto mutato nel ventennio '43-63 – contesto della vita siciliana e italiana.

Seguivano i seguenti brani:

Elio Vittorini, «Di Vandea in Vandea, il Vespro siciliano», da «Letteratura», n. 4, 1937.
Elio Vittorini, «Il mondo offeso», da *Nome e Lacrime*, 1939.
Vitaliano Brancati, «Dialogo con Borgese», da *I fascisti invecchiano*, 1946.
Vitaliano Brancati, «Lettera al padre», 1937.
Salvatore Quasimodo, «Già la pioggia è con noi», da *Ed è subito sera*, 1942.
Salvatore Quasimodo, «Nel giusto tempo umano», da *Ed è subito sera*, 1942.
Vitaliano Brancati, «L'odio di Piscitello», da *Il vecchio con gli stivali*, 1945.
Renato Guttuso, «Appunti», da «Il Selvaggio», novembre 1939.
Leonardo Sciascia, «Breve cronaca del regime», da *Le parrocchie di Regalpetra*, 1956.
Leonardo Sciascia, «Spagna come Sicilia», da *Gli zii di Sicilia*, 1960.
Giuseppe Bonaviri, «Nella campagna di Mineo», da *Il fiume di Pietra*, 1964.
Sebastiano Addamo, «La guerra cominciò a vedersi», da *Il giudizio della sera*, 1974.

La commedia

Sul piano del costume – con le sue adunate, i suoi riti, il suo linguaggio, la sua esaltazione della giovinezza e della virilità, la sua moltiplicazione delle cariche di regime, i suoi grandi e piccoli gerarchi estratti da una sempre più squallida e squallidamente fanatica umanità – il fascismo ebbe aspetti comici irresistibili: e non solo in una visione retrospettiva, ma anche, catarticamente, nell'attualità. La risata che Pirandello fa esplodere sulle colonne del «Corriere della Sera», nel 1934, può anche segnare il momento, la data in cui alcuni italiani rompono la crosta del consenso e scoprono il rovescio comico della terribilità. Particolarmente comico si presentava poi il regime in Sicilia, dove quasi ignota era la terribilità di cui aveva dato prova in altre regioni d'Italia più fortemente caratterizzate dalla resistenza popolare.

Del comico fascista, della commedia di virilità (cui corrispondeva l'impotenza) e di conformismo (cui corrispondeva una fondamentale refrattarietà), Brancati diede una registrazione vasta e precisa. Dalle sue pagine si può estrarre, come è stato detto, un dizionario delle idee correnti (alla Flaubert) sotto il regime fascista, nel tempo in cui il consenso stava per cedere al dissenso. Ed anche la più completa rappresentazione dei personaggi e della vita di ogni giorno in Sicilia negli anni Trenta.

Seguivano i seguenti brani:

Luigi Pirandello, «C'è qualcuno che ride», dal «Corriere della Sera», 7 novembre 1934.
Vitaliano Brancati, «Il gallismo dei gerarchi», da *Il bell'Antonio*, 1949.
Ignazio Buttitta, «Sariddu lu Bassanu», da «Rinascita», n. 2, 1944.
Enzo Marangolo, «Mussolini ad Acireale», da *Un posto tranquillo*, 1964.

La tragedia

Il 10 luglio del 1943 l'armata anglo-americana sbarcava sulle coste siciliane. L'avvenimento, atteso e quasi scontato per i siciliani, metteva fine al fascismo quindici giorni prima che a Roma Mussolini fosse deposto dallo stesso Gran Consiglio del Fascismo e arrestato. La guerra – dura, tragica, devastatrice – paradossalmente per i siciliani finiva nel momento in cui le forze alleate la portavano nell'isola contro le sparute e disarticolate divisioni italiane, contro la divisione tedesca che portava il nome di Hermann Goering. Finivano i bombardamenti atroci e continui. Finiva il fascismo. E arrivavano i fratelli, i cugini, i nipoti (i siciliani d'America, insomma) che accortamente gli americani avevano intruppato nell'armata del generale Patton. Si apriva una specie di kermesse, una festa popolare in cui il mito dell'America – la ricchezza, la libertà – veniva celebrato in una effettiva oltre che ideale consanguineità. Di questa festa si trovano ragioni ed immagini nelle pagine di Brancati, Bonaviri, Sciascia, Addamo; immagini da riscontrare con quelle fotografiche di Robert Capa.

Si apriva però per la Sicilia, appena spentasi la kermesse e crollato nell'Allied Military Gouvernement il mito dell'America, la sua lunga «resistenza» contro tutto ciò che era ed è violenza, offesa, sonno della ragione, morte e putredine, come dice Vittorini nel saggio sul Vespro; e insomma contro l'antico fascismo che per vent'anni trovò forma in quello nuovo di Mussolini.

Seguivano i seguenti brani:

Nino Savarese, «Estate 1943», da *Cronachetta siciliana dell'estate 1943*, 1944.
Leonardo Sciascia, «L'eccidio di Castiglione», da «Panorama», ottobre 1964.
Salvatore Quasimodo, «Alle fronde dei salici», da *Giorno dopo giorno*, 1947.
Vitaliano Brancati, «I piaceri della terribilità», da «La città libera», marzo 1945.
Sebastiano Aglianò, «L'unica salvezza», da *Questa Sicilia*, 1944.

La sesta giornata

Questo saggio, pubblicato nella rivista bolognese «Officina» nel 1956, si può considerare una spregiudicata e anticonformista meditazione sulla Resistenza da un punto di vista siciliano, che era il punto di vista più giusto per misurarne la portata e per avvertire dei pericoli (in cui si è regolarmente incorsi) della mitizzazione di essa come fatto rivoluzionario da assorbire più nelle celebrazioni ufficiali e umanistiche che da svolgere nella effettuale realtà delle cose. Anche se vi si parla della poesia, della letteratura nata dalla «contemplazione» della Resistenza, il discorso di fondo è quello che trova esplicazione nelle ultime righe: di una resistenza *non fatta* (e male) una volta per tutte, ma di una resistenza *da farsi*, *da fare*. E di cui la Sicilia, possiamo aggiungere, resta il banco di prova.

Seguiva il testo di Leonardo Sciascia, «La sesta giornata», da «Officina», 1956.

Appendice

Questo articolo di Eugenio Montale, recensione del libro di Aglianò *Questa Sicilia*, di cui abbiamo già dato alcune pagine, è stato pubblicato da «Il Mondo» nel luglio 1945. E crediamo sia di grande interesse vedere oggi quale fosse allora il punto di vista di un uomo come Montale sulle cose siciliane: mentre ancora parte d'Italia era occupata dai tedeschi e in Sicilia si agitavano, col separatismo e le forze di sinistra che in maggioranza l'avversavano, quei problemi che la democrazia prefascista non aveva affrontato e il fascismo aveva ignorato.

Seguiva l'articolo di Eugenio Montale, «Sicilia», da «Il Mondo», luglio 1945.

Delle cose di Sicilia
Testi inediti o rari

1980-1986

La predilezione di Sciascia per questa antologia in quattro volumi di «testi inediti o rari», in cui raccoglieva e ripensava tante delle sue fonti storiche sulla Sicilia, è testimoniata dalle peculiari prose che presentano ciascuno dei brani pubblicati: così dense e ricche di lavorata erudizione che, nel loro insieme, stringono il lettore come in un libro a sé. Un libro di Sciascia, naturalmente.

Avvertenza

Questi quattro volumi che s'intitolano alle «cose di Sicilia» (meno solenne, meno esaustivo, quasi più quotidiano e familiare in italiano il senso delle «cose di Sicilia» di quello del «de rebus siculis» di fra Tommaso Fazello – *ordinis praedicatorum* – su cui la storiografia siciliana si fonda) vogliono essere – con sufficiente estravaganza, con scarti e scatti in cui hanno parte anche l'ironia, l'impazienza, le idiosincrasie, gli umori e i malumori – una specie di *biblioteca storica e letteraria di Sicilia*: una raccolta di testi poco noti o mal noti, inediti o mai tradotti in italiano, che insieme concorrano a una immagine della nostra regione non scontata, non convenzionale, fatta di richiami sottili ma tenaci, di referenze e riferimenti inconsueti ma pertinenti. E diciamo poco noti o mal noti anche testi che di fatto sono notissimi: come per esempio quello di E. J. Hobsbawm sulla mafia, che sono pagine tratte da un libro, pubblicato in Italia nel 1959 col titolo *I ribelli*, conosciutissimo: ma che qui riproposte si confida assumano il valore, che realmente hanno, di una spiegazione totale – tanto difficile da esser semplice – del fenomeno mafioso. Pagine finora indistinte dalle tante che sulla mafia sono state scritte, e spesso in vaniloquio: e sono invece le sole che indirizzano a capire.

Ma questa nota non è una giustificazione della scelta: la giustificazione, il criterio anche, il lettore l'ha già in tutto quello che sulla Sicilia ho scritto variamente, nella forma del racconto o del saggio, dal 1952 ad oggi. È soltanto un'avvertenza che, appunto, rimanda alle mie «cose di Sicilia» quei lettori che di queste, altrui e anche mie, cercheranno il filo che le unisce, la necessità, la ragione; quei lettori che noteranno sproporzioni, assenze, silenzi. E per esempio: come è che qui della Sicilia antica, della Sicilia dei greci e dei romani, c'è solo una labile traccia in una svagata lettera di Anatole France da Palermo?

A risposta, non posso che trascrivere (ritrascrivere) questo passo di Américo Castro che, aprendo il saggio su *Pirandello e la Sicilia*, adattavo alla Sicilia e facevo mio: «Preme di più intendere e valutare la realtà *siciliana* che cercare cause e antecedenti che, nel migliore dei casi, non conterebbero a paragone delle azioni e delle opere che, univocamente, denominiamo *siciliane* perché così le vediamo e le sentiamo. Tale realtà appare dal momento in cui gli abitanti *dell'isola di Sicilia* si comportano come *siciliani*, ossia rivelano in fatti di durevole significato le loro preferenze e capacità...». Castro parlava della Spagna e degli spagnoli; io adattavo il suo discorso, il suo schema, alla Sicilia e ai siciliani. E aggiungevo: «Indubbiamente gli abitanti dell'isola di Sicilia cominciano a comportarsi da siciliani dopo la conquista araba (come d'altra parte gli abitanti della Spagna): in un tipo di vita che Castro direbbe *narrabile*; non ancora, cioè, *storicizzabile* e non più soltanto *descrivibile*. Com'è, o dovrebbe essere, noto, Américo Castro assume e divide il passato umano in tre diversi stadi di realtà che corrispondono a tre diverse categorie espressive: 1) una vita che si svolge dentro un mero spazio vitale, che è soltanto spazio vitale; e chiama questo tipo di vita *descrivibile*; 2) una vita di tipo *narrabile*, fatta di aspetti suggestivi e interessanti, di avvenimenti degni di essere narrati ma che appartengono alla eventografia piuttosto che alla storiografia; 3) una vita di tipo propriamente storico, storicizzabile, che irradia virtù creative, che è costruzione originale, compiuta forma di realtà umana». È chiaro dunque che qui, in questa antologia, non ho voluto dare spazio alla Sicilia *descrivibile* – anche se intensamente *descrivibile* – e che tutta la mia attenzione è andata alla Sicilia *narrabile* e *storicizzabile*. E magari anche nello *storicizzabile* lasciando prevalere il *narrabile*.

Allora, nel 1961, quando gli mandai il mio libro su *Pirandello e la Sicilia*, Américo Castro mi scrisse questo biglietto da La Jolla, dove ormai risiedeva:

Muy estimado señor:
durante estas vacaciones he podido leer el excelente volumen que tuvo la bondad de enviarme a Princeton. Los variados ensayos de esta obra, tan elegantemente escrita, me parece tan penetrantes como originales. El que algunas de mis ideas le hayan sido útiles para interpretar la realidad de la vida siciliana es para mí motivo de satisfación, y le estoy por ello muy reconocido.

La realidad historica de España va a salir en una edición muy renovada, y voy a decir al editor que le envíe un ejemplar. Los «viejos» rara vez me entienden. Usted debe ser joven de espíritu, y podrá continuar hablando a los italianos acerca de este nuevo modo de historiar.

Non era da me, purtroppo, continuare a parlare in Italia di questo nuovo modo di «historiar»; ma spero che di quella giovinezza di spirito che mi riconosceva Américo Castro – per me, da lontano, tra i pochi e buoni maestri che ho avuto – questa antologia sia ancora segno.

Le illustrazioni a questo e ai volumi che seguiranno sono state scelte, a volte in aderenza ai testi, più spesso con libertà e per una sottile corrispondenza ai singoli scritti e al senso dell'antologia. Per esempio: l'immagine del re di Sicilia incoronato da Cristo, ripreso graficamente da un mosaico della Martorana, è quasi un'esplicazione figurata dell'essenza e delle ragioni dell'istituto dell'Apostolica Legazia di cui parla Michele Amari e le incisioni che accompagnano quella specie di *reportage* di Rosario Gregorio sui sepolcri reali nella cattedrale palermitana sono, appunto, parte del *reportage*; ma altre sono piuttosto vagamente legate ai testi, anche se mai sono puramente esornative.

Delle cose di Sicilia
Volume primo

1980

Giuseppe Antonio Borgese
Sicilia

Giuseppe Antonio Borgese (Polizzi Generosa 1882-Fiesole 1952) scrisse queste pagine al principio del suo esilio negli Stati Uniti: come introduzione al volume *Sicilia* del Touring Club Italiano (Milano, 1933). In una lettera ad amici siciliani, pubblicata nel *Calendario mediterraneo* (Palermo, maggio 1932 - aprile 1933) parla di questo saggio che stava scrivendo. E crediamo che valga la pena pubblicare per intero questa sua lettera:
«Ho incontrato un certo numero di siciliani in America, qui a New York, e nel West; dove un pescatore di Sciacca mi ha dovuto ripetere parecchie volte il suo sicilianissimo nome, Vincenzo Gandino, prima che potessi cavarlo fuori dalla sua pronuncia ingolata e americanamente nasale.
«Qui a New York, senza parlare degli altri, i miei compaesani, quelli di Polizzi Generosa, sono quasi tanto numerosi come quelli che sono rimasti laggiù in cima al monte. Mi hanno fatto molte feste; ho ritrovato anche alcuni parenti con cui avevo giocato in campagna quando ero bambino.

«Queste cose forse le dirò, se avrò forza e vita, in altro modo. Ho sentito a modo mio questi incontri con la gente del mio paese.

«Se fra tutti i bianchi che sono in America gli Italiani sono probabilmente i meno adattabili allo standard anglosassone, forse si può anche dire che i siciliani siano i più chiusi e i più difficili degli italiani nel loro modo di essere. Ciò ha terribili inconvenienti pratici, ma ha pure certi significati molto seri.

«Essi, i miei connazionali, e soprattutto i miei corregionali, mi hanno aiutato un poco a farmi capire che cosa sono venuto a fare in America. Il primo impulso, la prima tentazione di uno di noi è di fuggire, imbarcandosi di nuovo sullo stesso piroscafo per tornare a casa. Il secondo stato d'animo consiste nel farsi una nicchia dentro questo mondo, nello starci a modo nostro ignorandolo: veri emigrati, anzi veri esuli, dalle facce lunghe, con una patina di tristezza che non si può dire, e che si riconosce anche su gente ch'è qui da trent'anni, e che magari ha fatto bene i suoi affari. Non credo che alcuna altra razza abbia conservato come la nostra questo carattere inibitivo, questa obiezione silenziosa.

«Io cerco, come alcuni hanno cercato, di giungere a un terzo stadio: non dico di divenire americano, ma di comprendere, cioè di prendere in me, questo mondo. Una conquista dell'America?, naturalmente, ritorno a ricordarmi di quelle indimenticabili parole di Goethe, che ho sempre nell'animo a questo e a molti altri propositi. "Qui, o in nessun luogo, è l'America". Qui, cioè dentro di noi.

«Mi accorgo, ma lo sapevo già, che non ho finito ancora di fare lo studente. Questo, l'America, è un altro mio esame. Vo imparando questa materia, e traducendola, quanto posso, nel mio spirito. Succo bene amaro, ma molto nutritivo; e non basta per giudicarlo torcere la bocca. Ho l'impressione d'avere saputo ben poco prima di venire qui; e quello che vado ora imparando non mi viene soprattutto dalla lettura di libri.

«Poi credo che mi chiuderò in una stanza a lavorare per gli anni che mi restano, se me ne restano. Volete confidenze, e come negarle a voi fratelli e compagni, del nostro sangue, nel nostro linguaggio? Mi pare di farle in una stanza chiusa, come mentre le scrivo; e che non ci sia nulla di indiscreto e di vano.

«La confidenza è questa: vorrei avere tempo e forza, dopo che mi sarò chiuso in quella stanza (possibilmente con un piccolo giardino, e non con questi meravigliosi grattacieli davanti alla finestra), di scrivere un libro, un libro solo, ma un libro: cioè qualche centinaio di pagine in cui tutto il sapere che sono andato attaccando a tozzi sia diventato un pane, in cui tutta la critica e la ricerca della mia vita sia divenuta una parola che si possa ascoltare, e averne serenità.

«Poi vi dirò un'altra cosa: che il Presidente del Touring Club Italiano mi ha chiesto, proprio a me siciliano errante, di scrivere la prefazione per il volume del Touring sulla Sicilia: una specie di ritratto della nostra Isola. L'ho scritto, proprio a New York, proprio davanti a questi grattacieli; ma spero che non sia esotico, e che anche voi vi ci possiate riconoscere.

«Vi saluto con affetto. Arrivederci».

Anatole France
Lettera dalla Sicilia

Anatole France (pseudonimo di Anatole-François Thibault) nacque a Parigi nel 1844. Nella sua vasta opera, oggi purtroppo non molto conosciuta, da *Le crime de Sylvestre Bonnard* a questa lettera sugli idilli di Teocrito che qui viene per la prima volta tradotta, corre un filo «italianizzante», e si potrebbe anche dire «sicilianizzante»: frutto dei suoi frequenti viaggi in Italia. Accademico di Francia dal 1896, premio Nobel nel 1921, alla sua morte (Parigi, 1924) si ebbe, da Paul Valery che prese il suo posto in Accademia, un elogio che cadde sull'opera come una pietra tombale. Figlio di una Francia «dolce, distratta e delicata», di una «antica e quasi tramontata civiltà» lo definì Valery: ma in realtà sui fatti civili, e nello scegliere in quei fatti la parte giusta, France fu molto meno distratto di quanto lo stesso Valery fosse. Ma questa definizione – dolce, distratto, delicato – può anche valere per tante pagine di France: ed anche per queste, sulla Sicilia greca.

Questa *Lettera dalla Sicilia*, che fa da prefazione all'edizione Pelletan de l'*Oaristys*, fu pubblicata per la prima volta ne «L'Echo de Paris» di martedì 22 dicembre 1896 con lo stesso titolo che conserverà poi nel volume. È indirizzata a «Monsieur Edouard Pelletan, libraire-éditeur à Paris » ed è accompagnata da questa nota:

«Questa lettera è stata scritta a Palermo il 1° ottobre di quest'anno. Monsieur Edouard Pelletan me l'ha restituita oggi autorizzandomi a pubblicarla».

Nell'edizione Pelletan il testo è identico a quello pubblicato ne «L'Echo de Paris». Da notare solo una differenza: le due citazioni in greco dell'edizione Pelletan non compaiono sul giornale, dove sono state rimpiazzate da Anatole France dalla traduzione «le mie capre» e «rifiuto il tuo bacio».

Possiamo aggiungere che la contraddizione che France scorge nel testo teocriteo tra la pastorella di pecore e la pastorella di capre, forse non esisteva – come non esiste – nella realtà: in Sicilia è facile vedere greggi miste di pecore e di capre.

La traduzione di questa lettera è di Chiara Restivo.

Francesco Gabrieli
Ibn Hamdìs

Francesco Gabrieli, nato a Roma nel 1904, è il più grande arabista italiano di oggi. Ha pubblicato questo saggio su Ibn Hamdìs nel 1948, presso una casa editrice di Mazara del Vallo (il luogo da dove gli arabi mossero alla conquista dell'Isola).

Su questo poeta arabo-siculo sono o dovrebbero essere note le pagine di Michele Amari (che diede testo e traduzione delle liriche nella *Biblioteca Arabo-Sicula*). Più tardi approntò un'edizione del testo arabo Celestino Schiaparelli e ne fece una traduzione di cui è ora in progetto la pubblicazione. Di tale traduzione pubblicò una scelta Michelangelo Guidi nella rivista «Poesia» (Quaderno II, 1945): piccola antologia che noi diamo in appendice a questo saggio di Gabrieli.

Ignazio Di Matteo
Antologia dei poeti arabi siciliani estratta da quella di Ibn al-Qattà

Nell'«Archivio Storico per la Sicilia», volume I del 1935, Ignazio Di Matteo (Palermo, 1872-1948), professore di lingua e letteratura araba nell'Università di Palermo, pubblicava una sua versione dell'*Antologia di poeti arabi siciliani estratta da quella di Ibn al-Qattà*: la prima e la sola versione che in italiano ne sia stata fatta.

Quasi venti anni dopo, Francesco Gabrieli ne fece una disamina nel «Bollettino» del Centro di Studi Filologici e Linguistici Siciliani (Palermo, 1954). Pertanto, ristampando la versione del Di Matteo, riteniamo che le osservazioni e correzioni del Gabrieli siano indispensabili per una migliore lettura dell'Antologia; e perciò facciamo seguire anche il suo studio.

Ibn Giubair
Viaggio in Sicilia

Ibn Giubair, arabo d'Andalusia, viaggiò in Spagna, Sicilia, Siria, Palestina, Mesopotamia, Arabia ed Egitto (e così, col nome di questi paesi è intitolato il suo libro) tra il 1183 e il 1185. Precisamente lasciò Granada, sua città natale, il venerdì 4 febbraio 1183 e vi tornò il 25 aprile del 1185. Del suo *Viaggio* Michele Amari tradusse la parte relativa alla Sicilia per la prima volta nel 1846-47: e fu pubblicata, massacrata di errori e di censure, nella rivista palermitana «La Falce». Successivamente lo stesso Amari ne diede il testo e la traduzione nella *Biblioteca Arabo-Sicula*. Nel 1906, Celestino Schiaparelli pubblicò la traduzione integrale del *Viaggio* da cui noi abbiamo estratto la parte siciliana.

Giorgio Levi della Vida
Il mondo islamico al tempo di Federico II

Questo saggio di Giorgio Levi della Vida (Venezia 1886-1967), studioso di letterature arabe e semitiche, e che tra l'altro ebbe parte nell'edizione postuma, integrata e annotata, della *Storia dei musulmani* di Michele Amari, fu pubblicato per la prima volta negli *Atti* del Convegno Internazionale di Studi Federiciani tenutosi a Palermo nel dicembre del 1950. Si trova nel volume *Aneddoti e svaghi arabi e non arabi* (Milano-Napoli 1959).

Leandro Alberti
Descrizione della Zisa

Leandro Alberti, nato a Bologna nel 1479, morto probabilmente nel 1553, domenicano, pubblicò a Bologna, nel 1550, una *Descrittione di tutta Italia nella quale si contiene il sito di essa, l'origine e la signoria delle Città et de' Castelli, etc.*, frutto di un lungo viaggio in cui accompagnò il generale dell'Ordine, Francesco Silvestri da Ferrara.

La descrizione della Zisa che qui pubblichiamo, oltre che l'unica completa e minuziosa del monumento, è suggestiva per noi, che abbiamo assistito all'estrema rovina del monumento, per il presentimento che di questa rovina Alberti ebbe ben quattro secoli prima.

Francesco Testa
Vita e gesta di Guglielmo II

Francesco Testa (Nicosia 1704-Monreale 1773), vescovo di Siracusa dal 1748, arcivescovo di Monreale dal 1754, è una delle più rappresentative figure della cultura siciliana nel secolo XVIII. Nella scia di quella specie di rivoluzione culturale che nel secondo decennio del secolo si mosse intorno all'istituto della Legazia Apostolica («la controversia liparitana»), egli operò al rinnovamento degli studi nel seminario di Monreale con tanta libertà che «la scuola monrealese abbandonando l'antica scolastica adottava i nuovi metodi della così detta filosofia moderna» (Millunzi, *Storia del seminario arcivescovile di Monreale*): e ciò specialmente attraverso l'insegnamento di Vincenzo Miceli, il cui pensiero rischiosamente muoveva da Spinoza – e oscuramente – e si può immaginare suscitando quali reazioni (ma il dibattito teologico-filosofico della scuola di Monreale è ancora da studiare). Dice il laico Scinà: «Un sentiero più nobile imprese ad illustrare la Sicilia Francesco Testa, arcivescovo di Monreale. Questo prelato, esempio raro di prisca virtù, e perfetto modello dei vescovi, non solea concedere altro ristoro al suo spirito, ch'era tutto dì faticato dalle molte e gravissime cure e della Chiesa, e della repubblica, che sollazzarsi qualche ora del giorno coi suoi cari studi»: e scrisse una vita del normanno Guglielmo II, pubblicata a Palermo nel 1769, che «è proprio un piacere a leggere» e in cui tutto è pesato con severità, nulla rapportato «che rassodato non sia dall'autorità dei contemporanei, e da' diplomi, e da limpidi fonti non sia derivato» (Scinà, *Prospetto della storia letteraria di Sicilia nel secolo decimottavo*). Che è quella che qui integralmente si ripubblica nella versione italiana.

Michele Amari
L'Apostolica Legazia in Sicilia

Michele Amari (Palermo 1806-Firenze 1889) pubblicò questo saggio nella «Nuova Antologia» in occasione della pubblicazione della Bolla di Pio IX in cui si chiedeva l'abolizione in Sicilia di quella speciale giurisdizione ecclesiastica denominata Tribunale della Monarchia o Apostolica Legazia. Il saggio riassume tutta una storia di conflitti tra Chiesa e Stato in Sicilia che ha avuto il suo momento più acceso sotto il regno di Vittorio Amedeo di Savoia: conflitti che hanno contribuito a dare carattere giuridico – peculiare

Ruggero Coronato. Incisione di Saverio Pistolesi da un mosaico della Chiesa della Martorana (S. Maria dell'Ammiraglio), tratta dal II volume dell'opera *Delle belle arti in Sicilia dai Normanni sino al secolo XIV* di Gioacchino Di Marzo. Palermo 1869.

e in un certo senso esiziale – alla cultura siciliana, fin quasi ai giorni nostri.

Rosario Gregorio
Dei regali sepolcri della maggior chiesa di Palermo

Questa relazione di Rosario Gregorio (Palermo 1753-1809) fu stampata a Napoli, dalla stamperia del Re, nel 1784: uno splendido *in-folio* con quindici grandi incisioni fuori testo e altre nel testo. Occasione ne fu la sistemazione dei sepolcri reali nella cattedrale internamente (e purtroppo anche esternamente) rinnovata: sistemazione che seguiva, per volontà del viceré Caracciolo, ad una prima affrettata e indecorosa.

La «ricognizione» del Gregorio – che nella prefazione dell'*in-folio* è detto «giovine di ornati costumi e di riposte lettere» – si avvalse dei disegni di un tenente Camillo Manganaro, e del direttore «dei Musaici di Pal.» (di Palermo o di Palazzo?) Cardini: così come in un *reportage* ci si avvale oggi di un fotografo; disegni che poi furono incisi da altri all'acquaforte. Dei disegni ne riproduciamo alcuni; la relazione del Gregorio la diamo integralmente.

Giuseppe Pitrè
Il Vespro siciliano nelle tradizioni popolari della Sicilia

Nel 1882, ricorrendo il sesto centenario del Vespro, in Sicilia – e particolarmente a Palermo – se ne fece una

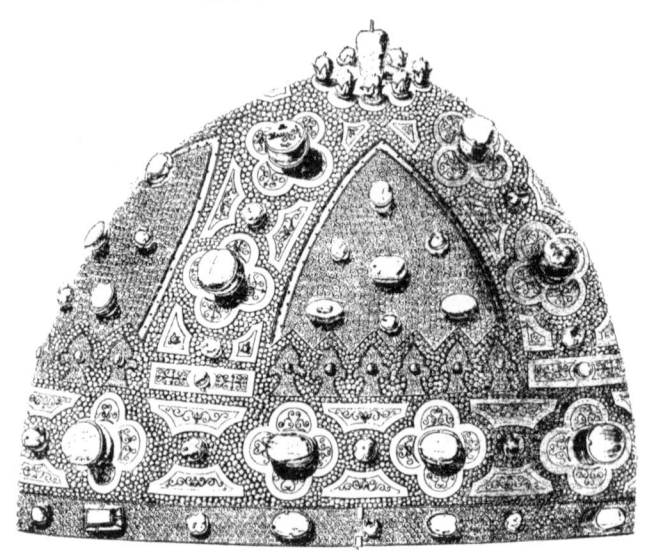

Diadema di Costanza II. Incisione di M. della Bella da un disegno di C. Manganaro tratta dal volume *I regali sepolcri del Duomo di Palermo riconosciuti e illustrati* di Rosario Gregorio. Napoli 1783.

solenne celebrazione. Vi si accompagnò una fioritura di studi su quell'avvenimento, sulle cause che lo mossero e sulle memorie che ne erano rimaste.

Il contributo di Giuseppe Pitrè (Palermo 1843-1916) fu il volumetto che qui integralmente ripubblichiamo: tirato allora in pochi esemplari e in una deliziosa edizione di Luigi Pedone Lauriel.

Leonardo Sciascia
Il mito del Vespro

Questo saggio è stato letto come prolusione al Convegno di Studi Verdiani tenutosi in Torino nel 1973, in occasione della rappresentazione dei *Vespri siciliani* di Verdi nel ricostruito Teatro Regio.

Rinaldo Da Villanova
Thesaurus pauperum

Per le nozze di Salvatore Salomone Marino con Marietta Abate, il 29 di aprile 1878, Vincenzo Di Giovanni (Salaparuta 1823-1903) pubblicava un piccolo gustoso lavoro filologico: una specie di ricettario di medicina popolare estratto dal *Liber thesauri pauperum* attribuito a Maestro Rinaldo da Villanova. Noi lo diamo qui, oltre che per le nozioni e prescrizioni mediche vive nel secolo XIV, come esempio della prosa volgare siciliana dell'epoca.

Guanto di seta e scarpa di Arrigo VI. Incisione di M. della Bella da un disegno di C. Manganaro tratta dal volume *I regali sepolcri del Duomo di Palermo riconosciuti e illustrati* di Rosario Gregorio. Napoli 1783.

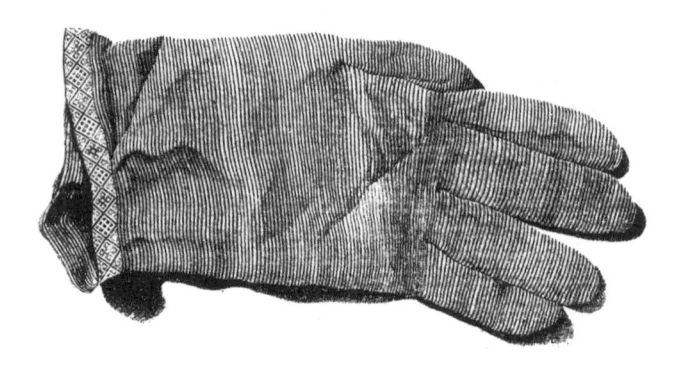

Giuseppe Beccaria
Spigolature sulla vita privata di Re Martino in Sicilia

Giuseppe Beccaria nato a Palermo nel dicembre 1860, direttore dell'Archivio di Stato e Canonico della Real Cappella Palatina, si occupò di Storia della Sicilia nel secolo XIV. Pubblicò nel 1887 *La regina Bianca di Navarra in Sicilia*, e nel 1894 queste *Spigolature sulla vita privata di Re Martino* che qui pubblichiamo integralmente ma senza l'appendice dei documenti: un'operetta ricca di suggestione e che veramente ci fa intravedere la vita quotidiana di una povera corte che aveva allora residenza in quel Palazzo dello Steri che fu poi sede dell'Inquisizione.

Andria D'Anfuso
Canto sull'eruzione etnea del 1408

Il testo di questo *Canto sull'eruzione etnea del 1408* è quello delle *Poesie siciliane dei secoli XIV e XV* pubblicate a cura di Giuseppe Cusimano (Palermo, 1951). Pubblicandone una parte nell'antologia degli *Scrittori della realtà dall'VIII al XIX secolo* (Milano, 1961), Pasolini notava come questo e altri testi del medioevo siciliano fossero «alle soglie dell'inespressione», terribili, impossibili, cascanti ma che lasciano «frantumi di parole, fisicamente potenti». Aggiungeva: «Il naturalismo – la lingua del naturalismo – sembrava fatta apposta per questi letterati (fino a Brancati)». Che Andria D'Anfuso, nativo di Messina e giudice a Lentini, sia stato un «letterato», non c'è dubbio; così come non c'è dubbio che, sulla soglia dell'inespressione ha lasciato più di un frantume, in questo *Canto*, «fisicamente potente».

Isidoro La Lumia
Gli ebrei siciliani

Questo saggio di Isidoro La Lumia (Palermo 1823-1879) è nel secondo volume degli *Studi di storia Siciliana*. Noi lo riproduciamo dall'edizione del 1870 (la più recente è quella della Regione Siciliana). Il saggio, scritto, come sempre le cose del La Lumia, con gusto di narratore, offre una delle più commoventi pagine della storia dell'ebraismo e dice dell'eccezionale spirito di tolleranza, e di pietà anche, che gli ebrei – al di là di certe manifestazioni di violenza più sollecitate che spontanee – incontrarono nelle popolazioni siciliane.

Raffaele Starrabba e François Secret
Guglielmo Raimondo Moncada: uno e due

Su Guglielmo Raimondo Moncada, ebreo convertito di Girgenti, avevano dato notizie piuttosto vaghe il Pirri e poi, più tardi, il Picone. A condurre una ricerca documentata, ed esauriente per quanto riguarda il periodo siciliano della vita del Moncada, fu Raffaele Starrabba (Palermo 1834-1906): in questo saggio pubblicato dall'«Archivio Storico Siciliano» nel 1878.

Lasciato dallo Starrabba al 3 novembre del 1483, e su un documento che lo accusa di un delitto commesso a Roma, il Moncada fu ritrovato sotto altri nomi da storici dell'ebraismo italiano e dell'Umanesimo. Questi due saggi, dunque, quello dello Starrabba che ne racconta la vita di ebreo convertito in Sicilia e quello di François Secret che lo segue come maestro di lingue orientali e di kabala presso Pico della Mirandola, sono complementari.

Il saggio di François Secret è estratto dal volume *Les kabbalistes chrétiens de la Renaissance* (Paris, 1964) ed è stato tradotto da Anna Jeronimidis.

Delle cose di Sicilia
Volume secondo

1982

Pietro Lanza di Scalea
Donne e gioielli in Sicilia nel medioevo e nel rinascimento

Pietro Lanza di Scalea (Palermo 1863-Roma 1938) fu uomo politico attivo nella democrazia prefascista, sottosegretario agli Esteri e poi ministro della Guerra e, nel regime fascista, senatore, ministro delle Colonie. Come i migliori della sua classe, si dedicò anche a studi storici, tra i quali resta di bella e utile lettura *Donne e gioielli in Sicilia nel medioevo e nel rinascimento*, stampato dal Clausen nel 1892, da cui abbiamo estratto il sesto capitolo.

Pietro Ranzano
Delle origini e vicende di Palermo

Pietro Ranzano, umanista siciliano nato a Palermo nel 1428 e morto a Lucera nel 1492, trasse a quanto pare dalla sua opera maggiore, e cioè gli *Annali*, questa «memoria» sulla città di Palermo: *De Auctore Primordiis et Progressu felicis urbi Panormi*. Versioni in volgare di questa operetta si ebbero nel secolo XV: e una ne stampò, tratta da un Codice della Comunale di Palermo, l'infaticabile Gioacchino Di Marzo, nel 1864. Ed è questa che ripubblichiamo, eliminando però la parte che il Di Marzo integrò col latino degli *Annali* là dove gli mancò il testo in volgare.

Don Fernando Gonzaga
Delle cose di Sicilia

Don Fernando Gonzaga, viceré di Sicilia dal 1537, nel 1546, probabilmente al momento di lasciare la Sicilia per assumere la carica di viceré a Milano e di Capitano Generale dell'esercito spagnolo in Italia, dettò questo memoriale diretto a un Pietro d'Agostino, incaricato di approntare una relazione sulle cose di Sicilia per il re.

Il memoriale rinvenuto nella biblioteca estense di Modena fu pubblicato nel 1896 tra i *Documenti per servire alla Storia di Sicilia* della Società Siciliana di Storia Patria. Come più acutamente negli *Avvertimenti a Marco Antonio Colonna* del Di Castro, in questa relazione sono tratteggiati caratteri, istituzioni e conflitti del mondo siciliano. Non è la sola relazione di questo tipo in cui ci si può imbattere negli archivi spagnoli ed europei: e sono paragonabili alle inchieste parlamentari che sono state condotte sulla Sicilia dall'Unità ad oggi.

Nahum Slousch
Moïse Rimos

Moïse Rimos e la sua elegia costituiscono un problema, un mistero. Il suo nome non si trova né tra i giustiziati per delitti comuni né tra le vittime dell'Inquisizione di tutta la prima metà del secolo XVI. Più attendibilmente, dovrebbe trovarsi tra i condannati dell'Inquisizione, e come «neofita giudaizzante» – e cioè come uno di quegli ebrei apparentemente convertitisi al cattolicesimo, per evitare l'espulsione dall'Isola, ma di fatto rimasti legati all'antica fede. Il «capo persecutore» e i «briganti che giunsero da Occidente» sarebbero così non genericamente gli spagnoli, come facilmente scopre Nahum Slousch, ma l'inquisitore e la corte inquisitoriale.

Comunque, da parte di studiosi ebrei e di storici dell'ebraismo, abbiamo queste indicazioni: che era un ebreo siciliano, un medico, un uomo di dottrina; che fu processato, condannato a morte e sepolto a Palermo, per una accusa che tristemente è stata ripetuta a carico di medici ebrei fino ai giorni nostri (si pensi ai processi stalinisti contro i medici ebrei).

L'elegia è stata pubblicata da Nahum Slousch, professore all'Accademia francese «Des Inscription et Belles Lettres», – con introduzione, testo ebraico annotato e traduzione in francese – nel volume II della Miscellanea *Centenario della nascita di Michele Amari* (Palermo, 1910). Non diamo qui il testo ebraico dell'elegia e le relative note; e non ci siamo permessi di tradurre in italiano la traduzione francese. Se la traduzione, come diceva Cervantes, è il rovescio di un tappeto, cosa sarebbe la traduzione della traduzione di un testo così arduo?

Salvatore Salomone Marino
La storia nei canti popolari siciliani

Delle ricerche che Salvatore Salomone Marino (Borgetto 1847-Palermo 1916) dedicò a rintracciare nei canti popolari siciliani memoria o eco di fatti storici, pubblichiamo quei saggi apparsi tra il 1873 e il 1874 nell'«Archivio Storico Siciliano» aggiungendo quello che, pubblicato in un opuscoletto nel 1870, ne è di fatto la continuazione. La terza puntata dei saggi pubblicati dall'«Archivio Storico Siciliano» promette infine una continuazione non mantenuta: e ci è parso poterci concedere l'arbitrio di un'aggiunta cui lo scarto cronologico non impedisce di esserne la continuazione.

Argisto Giuffredi
La roba, il governo, la donna

Argisto Giuffredi, nato a Palermo verso il 1535, occupò varie cariche nel Senato palermitano, fu al servizio del Vescovo di Patti e Cancelliere dell'Inquisizione; viaggiò in Spagna e in Italia, tradusse dallo spagnolo, scrisse versi, note al Boccaccio e al Tasso. Ebbe, a quanto si sa, vita travagliata; gli fu comminata una scomunica, che probabilmente gli fu poi tolta per l'intercessione del Senato di Palermo; e si trovava in carcere, non sappiamo se prigioniero dell'Inquisizione o della giustizia ordinaria, quando il 19 agosto del 1593, per lo scoppio di una polveriera rovinò il Castello a mare, dove erano le prigioni di Palermo, e vi rimase vittima assieme al poeta Antonio Veneziano. La coincidenza di due poeti che si trovano nello stesso carcere si può considerare non casuale e riesce facile immaginare vi si trovassero per reati che oggi diremmo di opinione.

Gli *Avvertimenti cristiani*, pubblicati nel 1896 da Luigi Natoli su un manoscritto della Biblioteca Comunale di Palermo, sono sì un prodotto della Controriforma, ma esprimono una visione della vita che si può *tout court* dire siciliana: tanto l'uomo del Giuffredi è vicino, alla distanza di secoli, all'uomo del Verga.

Paolo Caggio
L'amicitia

Paolo Caggio, nato a Palermo verso il 1525, fu segretario del Senato di Palermo ed amministratore del conte de Luna, signore di Caltabellotta. Fondò a Palermo, nel 1549, l'Accademia dei «Solitari» che fu la prima in Sicilia e una delle prime in Italia. Pubblicò in Venezia nel 1553 l'*Iconomica*, uno di quei trattati, non rari in quel secolo, in cui si insegnava «brevemente per modo di dialogo il governo famigliare come di se stesso, della moglie, de' figliuoli, de' servi, delle case, delle robbe e d'ogni altra cosa a quella appartenente». Da questo trattato abbiamo estratto le pagine relative all'amicizia, apportando soltanto lievissime correzioni alla punteggiatura.

Gioacchino Di Marzo – Leonardo Sciascia
Antonello da Messina

Giovanni Gentile, in quel suo saggio sul *Tramonto della cultura siciliana*, pone al 1916 – anno della morte di Giuseppe Pitrè, Gioacchino Di Marzo e Salvatore Salomone Marino – la fine della cultura siciliana. Non del tutto accettabile, la tesi è però sostenibile nel senso che la scomparsa di queste tre personalità, nello stesso anno e in piena guerra europea, avverte appunto del tramonto di una cultura regionale, siciliana e sicilianistica; di una cultura regionale negli intendimenti e nell'oggetto.

Gioacchino Di Marzo era nato a Palermo nel 1839. Prete (Ciantro e Cappellano Maggiore della Cappella Palatina) fu direttore della Biblioteca Comunale di Palermo, tra i cui manoscritti passò l'operosa sua vita, traendone la monumentale *Biblioteca Storica e Letteraria di Sicilia*, *La pittura in Palermo nel Rinascimento*, *I Gagini e la scultura in Sicilia*, e tanti altri libri sulla storia letteraria e artistica della Sicilia.

Questa vita di Antonello, ricostruita sui documenti, fu pubblicata a Palermo, nelle edizioni della Storia Patria, nel 1903. La ripubblichiamo eliminando l'appendice dei documenti e aggiungendo, a modo di nota, un nostro scritto su Antonello che fece da introduzione al volume *Tutta la pittura di Antonello* edito da Rizzoli nel 1967.

Anonimo
Una festa nuziale

Questa descrizione di una festa nuziale fu pubblicata dal Salomone Marino nel 1877 nell'«Archivio Storico Siciliano». A parte la descrizione, di per sé interessante, del matrimonio gentilizio, il testo offre, attraverso larghe citazioni, un esempio di quello che era a Palermo, in quel secolo, un teatro che possiamo chiamare di consumo nella società nobiliare.

Ignazio di Loyola e Isabella de Luna
Lettere

Nel libro di Hugo Rahner in traduzione italiana intitolato *Ignazio di Loyola e le donne del suo tempo*, è la storia di una relazione epistolare tra donna Isabella de Vega y de Luna e Ignazio di Loyola: una relazione che muove dalla fondazione di un collegio gesuitico a Bivona, cui tenacemente donna Isabella si dedica, ma che trascorre a cose familiari e a sentimenti che la donna sente la necessità di comunicare al maestro per averne conforto.

Bivona, paese in provincia di Agrigento, fu, grazie a questo Collegio gesuitico fondato dalla duchessa de Luna, il centro culturale forse più importante della provincia e, dopo l'Unità, si ebbe, per il precedente del Collegio, uno dei pochi licei-ginnasi della Sicilia: alquanto incongruo rispetto alla situazione geografica e all'entità della popolazione.

Scipio Di Castro
Avvertimenti a Marco Antonio Colonna quando andò Vicerè di Sicilia

Sotto questo titolo vanno le acutissime considerazioni sulla storia di Sicilia, le istituzioni e il carattere dei siciliani di Scipio (o Scipione) Di Castro, messinese, poeta e scrittore di cose politiche che tra la Sicilia e il continente trascinò vita avventurata, tribolata e torbida nella seconda metà del secolo XVI.

Queste considerazioni, che pubblichiamo interamente nel testo datone da Armando Saitta (Roma, 1950), sono probabilmente la fonte di tutta quella fioritura di relazioni ufficiali e semiufficiali sulla Sicilia che nel '500 e nel '600 furono tenute come una specie di vademecum da vicerè e luogotenenti dell'Isola.

Salvatore Salomone Marino – Pietro Antonio Tornamira
Scene di pirateria

Le incursioni di pirati barbareschi in Sicilia furono per secoli numerose e continue; e non poco contribuirono a quella «inseguridad» dell'Isola che da storica si è fatta esistenziale. La scena di pirateria («Archivio Storico Siciliano», 1897) che il Salomone Marino ci offre attraverso una giustapposizione di documenti, immediata, vivissima, è di una incursione a terra; mentre è di un attacco in mare quella tratta dal libro *Relatione della presa di due galere della squadra di Sicilia fatte dalle galeotte d'Algeri nell'anno 1578* di Don Pietro Antonio Tornamira, pubblicata in Palermo nel 1674. Non abbiamo notizie relative alla vita di padre Tornamira, ma ne abbiamo altre sulla presa delle due galere: su una delle quali si era imbarcato a Palermo il poeta Antonio Veneziano.

Eugenio Mele
Cervantes e Veneziano

Dalla relazione del Tornamira sappiamo che la galera Sant'Angelo, partita da Palermo il 25 aprile del 1578, fu tre giorni dopo catturata dai pirati barbareschi. A bordo, tra i passeggeri diretti a Napoli, si trovava Antonio Veneziano. Portato ad Algeri, trovò tra i prigionieri Miguel de Cervantes. Nacque tra loro un'amicizia di cui si ha sola testimonianza in un codice della Biblioteca Nazionale di Palermo dove alle poesie del Veneziano sono premesse una lettera e alcune ottave del Cervantes indirizzate all'amico siciliano. Lettera e ottave furono, dopo la scorretta edizione dell'Arceri, pubblicate in forma più esatta da Eugenio Mele, che le accompagnò col saggio che pubblichiamo tradotto dallo spagnolo (la traduzione è di Caterina Ruta).

Non ci sono, nell'opera del Cervantes, altri indizi dei suoi rapporti col Veneziano. Forse si può considerare un ricordo della poesia del siciliano quella descrizione di una fanciulla trapanese che è nel *El amante liberal*: «Una di cui i poeti cantavano che aveva i capelli d'oro, che i suoi occhi erano splendenti, le sue guance rose purpure, i suoi denti perle, le sue labbra rubini, il suo collo alabastro; e che ogni sua parte nel tutto e il tutto in ogni sua parte facevano stupenda e concentrata armonia». Che sembra la trascrizione in prosa di un'ottava del Veneziano.

Eugenio Mele nacque a Napoli nel 1875 e vi morì nel 1969. Studioso di letteratura spagnola, si può considerare uno dei più importanti cervantisti italiani. Il saggio qui tradotto è stato pubblicato dalla madrilena «Revista de Archivos Bibliotecas y Museos» nel 1914.

Giuseppe Pitrè
Tradizioni ed usi popolari in Sicilia nella prima metà del secolo XVI

Questo quadro sintetico e vivace di cose lontane nel tempo, Pitrè trasse da un'opera non interamente godibile, anche se per tanti versi interessante, quale la *Descrizione della Sicilia* di Antonio Filoteo degli Omodei (Giulio in un libro sui *felici amori del Delfino di Francia e di Angelica Loria* stampato a Venezia nel 1609).

Pare certo al Di Marzo che Antonio Filoteo sia nato a Castiglione intorno all'anno 1515 e che abbia fatto i suoi studi a Catania, dove ebbe modo di osservare una spaventosa eruzione dell'Etna.

Dopo il 1557, anno in cui dava fine alla sua *Descrizione della Sicilia*, non si hanno più notizie della sua vita.

Francesco Savasta
Il famoso caso di Sciacca

Il caso di Sciacca, e cioè la vicenda di una feroce inimicizia tra le due nobili famiglie siciliane dei Luna e dei Perollo, ebbe vasta eco anche fra i contemporanei. Molte sono le opere, manoscritte o a stampa, che lo raccontano, ma tra le più drammatiche – drammaticità dovuta anche a una contrazione diciamo cronologica – è questa del dottor Francesco Savasta, pubblicata a Palermo nel 1726 (ma noi ci serviamo della seconda edizione, 1843, curata dal Di Marzo).

Francesco Savasta nacque a Sciacca nel 1673. Pare avesse vocazione alla vita religiosa, ma i bisogni della sua nobile famiglia in decadenza lo portarono alla professione medica. Scrisse sulla storia della sua città opere rimaste inedite ed ebbe giusta fama da questa, scritta al tempo stesso con senso della tragedia ed impeto retorico.

Delle cose di Sicilia
Volume terzo

1984

Francesco Ambrogio Maia
Racconto intorno a Giuseppe d'Alesi e gli avvenimenti in Palermo dal 1647 al 1650

Pubblicando, nel 1931, questo *Racconto* tratto dal manoscritto di una più vasta opera intitolata *L'Isola di Sicilia Passeggiata*, Nino Basile dava – attinta dalla *Biblioteca Sicula* del Mongitore – questa notizia su Francesco Ambrogio Maia: «Palermitano, uomo cospicuo per la sua vasta e varia erudizione, appartenne all'ordine di San Basilio. Insegnò la sacra teologia. Fu abate di San Pantaleo e Commissario generale. Cantò in vernacolo, in toscano e in latino. Da Don Giovanni d'Austria, al quale fu particolarmente caro, venne insignito del titolo di Regio storiografo. Oratore fecondo, predicò in molte città d'Italia e di Sicilia, ove sparse i tesori della sua dottrina. Amò la patria, la cui gloria vendicò con la voce e con la penna. Morì in patria il 28 novembre 1694, all'età di 86 anni, e fu sepolto nella chiesa parrocchiale di San Giacomo.

«Queste notizie sul Maia le dà il Mongitore a pagina 200 del primo tomo della sua *Biblioteca Sicula*, ove trovansi elencate le numerose opere a stampa pubblicate dal Maia. Chiude l'elenco un accenno ad altre opere manoscritte di questo autore, che, ai tempi del Mongitore, trovavansi conservate presso gli eredi dell'erudito Regio storiografo.

«Il Mongitore, nella sua opera bibliografica non fa speciale ricordo dell'*Isola di Sicilia Passeggiata*, opera storica e descrittiva della Sicilia, la cui copia manoscritta si conserva presso la Biblioteca Comunale di Palermo, ai segni: Qq. D. 87. Questo manoscritto venne donato alla Biblioteca Comunale dal colto e pio cavaliere Girolamo Speciale, Direttore della Reale Stamperia e dei Regii Studi di Palermo, possessore di una doviziosissima libreria, il cui catalogo ragionato manoscritto, che si conserva pure nella detta Biblioteca, occupa tre volumi in-folio di non piccola mole.

«Il bibliotecario Gaspare Rossi, nel suo Catalogo dei manoscritti della Biblioteca Comunale di Palermo, pubblicato nel 1873, a pagina 64 dà notizia di questo manoscritto, ma in maniera così insufficiente da convincere che egli avesse appena dato una scorsa sommaria all'opera che volea illustrare. Il Rossi infatti non si accorse che quel manoscritto conteneva una fonte per la storia dei tumulti avvenuti in Palermo nel 1647 e della congiura del 1649-50, in cui il Potomia, il Pesce, il conte di Racalmuto, ed altri, soffersero la tortura ed ebbero tronca inesorabilmente la vita: fonte di speciale importanza per la storia di questo agitato periodo di vita palermitana, avendo l'autore visto con i suoi occhi i fatti che descrive con incantevole semplicità.

«Nella sua narrazione il Maia usa un linguaggio alla buona, privo di preoccupazioni stilistiche, di quelle ampollosità che furono proprie agli scrittori del XVII secolo, linguaggio d'uomo colto che conosce l'italiano e lo spagnuolo e che non sa né vuole dimenticare l'idioma della sua Isola, con grandissimo vantaggio della schiettezza, della sincerità e dell'efficacia del racconto.

«La diversità delle scritture che si succedono nel manoscritto, le lacune, gli errori di copiatura che talvolta vi si riscontrano, lasciano presumere che sia una copia dell'originale del Maia, esemplata da vari amanuensi.

«Il professor dottor Vito Spedale Mistretta nel suo lavoro: *Un geografo palermitano della seconda metà del secolo XVII* (Catania, Tip. Giacomo Pastore, 1915), illustrò la *Sicilia Passeggiata* del Maia sotto l'aspetto di un trattato di geografia della Sicilia, e tale è. Ma non è un trattato di geografia dell'Isola solamente, poiché ha un contenuto storico di considerevole importanza per gli avvenimenti che vi si narrano.

«Sicuro di fare cosa gradita a coloro che amano le storie palermitane, pubblico quella parte dell'*Isola di Sicilia Passeggiata* tra il foglio 495 retro e il foglio 513 del volume manoscritto, che riguarda i fatti che si svolsero in Palermo dal 1647 al gennaio 1650: nuova e preziosa fonte, dalla quale si possono ricavare altri particolari, che invano si cercherebbero nelle narrazioni conosciute di questi avvenimenti. Fonte autorevolissima, rimasta finora ignorata a tutti i nostri storici, compreso Isidoro La Lumia, che di Giuseppe d'Alesi e dei tumulti di Palermo nel 1647 fece oggetto d'una sua lodata monografia.

«Trascrivo il manoscritto con la maggiore fedeltà, conservandone tutti gli errori, perché il migliore omaggio che possa rendersi ad un documento è quello di lasciarlo nella sua integrità. Modificare il testo, sia pure di una semplice virgola, stimo arbitraria alterazione. Solo qualche volta, indottovi dalla necessità di chiarire il testo, ho aggiunto qualche breve nota.

«E qui, a proposito delle note, mi corre l'obbligo di ringraziare l'eruditissimo Enrico La Manna, per gli aiuti di cui mi è stato largo nella ricerca del significato di alcuni vocaboli. So di non fargli piacere, perché mi è nota la sua sincera avversione a vedere stampato il proprio nome, ma, non essendo onesto farsi bello delle penne altrui, gli chiedo perdono di quello che è per me un atto di sentita gratitudine».

Antonino De Stefano
Processo contro Michelangelo Fardella

Questo processo contro Michelangelo Fardella fu pubblicato da Antonino De Stefano nella rivista catanese «Siculorum Gymnasium», primo numero, anno 1941, con questa nota introduttiva:

«Michelangelo Fardella, nato a Trapani nel 1650, fu uomo di precoce e prodigioso ingegno, filosofo e matematico di grande fama. Entrato giovanissimo nell'ordine Francescano, fu discepolo a Messina del celebre matematico Borelli, e subito dopo lo troviamo ad insegnare matematica, fisica, astronomia, meteorologia, filosofia e teologia a Messina, a Roma, a Modena, a Venezia, a Padova. Soggiornò a Ginevra e per tre anni a Parigi, ove fu amico del Malebranche, dell'Arnauld e di altri filosofi, prendendo vivo interesse alle idee cartesiane, che egli diffuse e difese largamente in Italia. Soggiornò anche per qualche tempo in Spagna, chiamatovi dal Re in qualità di teologo e matematico. Morì a Napoli il 2 febbraio 1718. Lasciò numerose opere di matematica, fisica, filosofia, etica, dialettica razionale e di letteratura.

«Il pensiero e la molteplice attività di questa singolare tempra di scienziato e di polemista meriterebbero uno studio approfondito. Limitandomi per ora a rimandare il lettore a quanto su di lui hanno scritto il Mongitore (*Biblioteca Sicula*, II, 70-71), il Ferro (*Biografia degli uomini illustri trapanesi*, II, 104-118), lo Scinà (*Prospetto della Storia Letteraria di Sicilia*, I, 82), il Mondello (*Bibliografia Trapanese*, Palermo, 1876, 157-169), pubblico qui alcuni documenti relativi al Fardella che io ebbi la ventura di ritrovare nel settembre scorso nel grande Archivio di Stato di Venezia, insieme al dottor Antonino Lombardo, che qui vivamente ringrazio per le facilitazioni accordatemi.

«Questi documenti si riferiscono ad un processo che l'Inquisitore generale di Venezia aveva intentato contro il Fardella per delitto di eresia, processo che pare sia rimasto perfettamente sconosciuto a quanti si sono finora occupati del Fardella. Il processo, che si svolge per lo più a Venezia, alla presenza del Procuratore della Repubblica, del Patriarca di Venezia e dell'Inquisitore, e parte anche a Mantova, comprende le deposizioni di alcuni ecclesiastici, che erano stati a contatto con il Fardella. Le deposizioni sono sfavorevoli al Fardella, eccetto quella di un prete siciliano, tale Domenico Ripetta, da Piazza Armerina, la quale è una netta e decisa rivendicazione dell'ortodossia e dell'innocenza del Fardella. Documenti assai interessanti per i riferimenti a personaggi e libri del tempo e che attendono di essere compiutamente illustrati.

«Il processo rimase interrotto, non so per quale motivo. Da una notazione, in data "die 23 novembris", risulta che dovevano essere interrogati ancora parecchi testimoni: il Padre Maestro Servita Filippo de Filippis, Vincenzo Fiorentino, il Padre Marco Brambilla, Domenico Cassinese, ed infine una donna, che era stata serva del Fardella e un figlio di questa. Nessuna traccia si è potuto ancora trovare di questi altri interrogatori e della conclusione del processo. Ma poiché l'esistenza del Fardella, anche dopo il 1689, continua a svolgersi tranquilla, bisogna pur dire che il processo dovette essere abbandonato, prima ancora di concludersi».

Girolamo Matranga
Relazione dell'atto pubblico di fede celebrato in Palermo a' 17 marzo dell'anno 1658

L'Inquisizione spagnola pesò sulla vita e sulla cultura siciliana al di là di quanto i ragguagli storici (del resto sparuti) lasciano intravedere. La pubblicazione di un documento come questo riesce forse a darne misura, e comunque immagine immediata ed atroce. Lo si può, in un certo senso, considerare un reportage.

L'atto di fede che il Matranga descrive è quello in cui fu arso fra' Diego La Matina. Chi volesse saperne di più, cerchi il nostro libretto *Morte dell'Inquisitore*.

Maria Crocifissa della Concezione
Lettere spirituali

Da un volume di lettere così intitolato, pubblicato a Venezia nel 1711, abbiamo trascelto queste poche lettere di Suor Maria Crocifissa, benedettina, al secolo Isabella Tomasi. È la beata Corbera del Gattopardo.

A parte l'interesse che le lettere hanno in sé, come una delle poche pagine della dimensione mistica siciliana e facilmente decifrabile a lume di psicanalisi, gioca nella lettura di esse la suggestione del romanzo di Giuseppe Tomasi. Trascorrendo alla cronaca di Eufrosina Corbera viene da sospettare che nella fantasia di Giuseppe Tomasi sia avvenuto, con lo scambio onomastico, la sostituzione di una figura della passione mistica a una figura della passione erotica.

Gaetano Millunzi
I Novelli

Il canonico Gaetano Millunzi (Monreale, 1859-

1920) pubblicò queste vite di Pietro Antonio Novelli e di suo figlio Pietro nel 1913.

È il frutto di una paziente ricerca e illumina un periodo di storia artistica locale attraverso due figure di cui la maggiore – il figlio – raggiunse un valore e una fama non circoscritti all'ambito locale in cui operò.

Louis de Saint-Simon
La controversia liparitana

Dalle *Memorie* del duca di Saint-Simon (edizione Chérnel, pagine 448-49), questo brano tradotto da Anna Jeronimidis, sulla cosidetta «controversia liparitana» che muovendo da Lipari, nel 1781, si allargò a tutta la Sicilia, durò per circa due decenni ed ebbe eco in Europa. Le informazioni di Saint-Simon sono imprecise nei dettagli: la «controversia» nacque appunto a Lipari, e il vescovo si chiamava Giovanni Maria Tedeschi. Né nacque durante il regno di Vittorio Amedeo di Savoia, ma due anni prima, sotto gli spagnoli. Imprecise le informazioni, dunque, ma preciso e affilato il giudizio.

Ernesto Basile
Giacomo Serpotta

Ernesto Basile, architetto cui si deve una incantevole Palermo liberty (ma sarebbe più esatto dire si doveva, stante le distruzioni di questi ultimi anni) e il palazzo della Camera dei Deputati nella facciata di piazza del Parlamento, nell'interno e negli arredi, scrisse questo saggio su Giacomo Serpotta nel 1911, come introduzione a una cartella di fotografie dell'opera serpottiana pubblicata dall'editore torinese Crudo e che, tutto sommato, nonostante i progressi del fotografare, resta la cosa migliore che il grande scultore siciliano abbia avuto finora. Incontro non privo di significato, tra l'architetto del liberty e lo scultore settecentesco, di pieno e splendido barocco.

Basile nota come, fino a trent'anni prima, il nome del Serpotta fosse quasi sconosciuto in Italia. Oggi non è più sconosciuto, ma non si può dire che questo grande scultore sia pienamente e con giusto giudizio acquisito alla storia dell'arte italiana ed europea.

Anatole France
Il caffè Procopio

Questa lettera di Anatole France sul parigino caffè Procopio (pubblicata nel 1890, 26 luglio, ne «L'Univers illustré» con il pseudonimo di Gérome) può apparire, in questo libro, una estravaganza, un capriccio. In un certo senso lo è, ma vuole anche essere un omaggio ai siciliani emigrati, a tutti quei siciliani che ingegnosamente e nobilmente fuori della Sicilia hanno fatto qualcosa. Perché Procopio era siciliano, forse Cutelli di cognome – e fu facile perciò farlo diventare «dei coltelli». Ma ebbe da fare soltanto coi coltelli da tavola e con la frequentazione degli illuministi, gli affilati e taglienti illuministi. Un «ripostiere» siciliano, come allora si chiamavano i pasticcieri e i gelatai: ma ai tavoli del suo caffè sedettero più generazioni d'intellettuali, da Voltaire a France. Non piccola gloria, per Procopio Cutelli o «dei coltelli». E che, bisogna dire, ancora dura: perché dopo il malinconico epicedio di France, il caffè è stato riaperto – e dà l'illusione di essere, nell'arredamento, quello di allora.

Carlo Gemmellaro
Relazione dei fenomeni del nuovo Vulcano

Carlo Gemmellaro (Catania, 1787-1866), geologo – e di una famiglia di geologi – scrisse questa relazione ad illustrare il fenomeno di un'isoletta vulcanica improvvisamente apparsa nel Mediterraneo, di fronte alla costa di Sciacca. L'apparizione dell'isola diede luogo a conflitti di territorialità, di possesso: finché, nel giro di pochi mesi, scomparve. Ne restò il nome – Isola Ferdinandea (ma i francesi la dissero Giulia) – quasi a significare una metafora: della scomparsa, oggi, di altre isole, sotto il cemento e il turismo di massa.

Michele Palmieri di Miccichè
Ricordi

Michele Palmieri di Miccichè nacque a Termini Imerese il 3 novembre del 1779, quarto figlio di don

Placido, barone di Miccichè e marchese di Villalba (e del padre, ostinato, retrivo, nemico, più volte Michele – velatamente o esplicitamente – dice nelle memorie). La sua giovinezza corse negli anni in cui la corte borbonica, nell'incalzare dell'esercito napoleonico, si era rifugiata a Palermo. Bel giovane, intelligente, vivace, pieno di passioni e di vizi, in una corte dominata da donne Michele visse gli anni suoi più felici. Poi, per avere col fratello partecipato alla rivoluzione del 1820, conobbe inquieto esilio a Malta, Parigi, Londra, Bruxelles, ma più lungamente a Parigi, dove pubblicò – scritti in francese – due libri di memorie: *Pensées et souvenirs historiques et contemporains* (1830) e *Moeurs de la Cour et des Peuples des Deux Siciles* (1837). Di bellissima lettura: ma forse sarebbero rimasti a noi ignoti se una sera, in casa della cantante italiana Giuditta Pasta, a Parigi, Palmieri non avesse incontrato Stendhal. Dall'incontro con Stendhal, dalla lettura che Stendhal fece dei *Souvenirs*, venne l'interesse della critica moderna per questa singolare figura di uomo e di scrittore. La più completa biografia la si deve a Nicola Cinnella, che ha scelto e tradotto queste pagine.

Lorenzo Magalotti
Il candiero

Il candiero è il gelato di gelsomino: ancora conosciuto tra le delizie palermitane, il gelato; del tutto perso il nome. Ma così lo chiama, e ne dà l'improbabile ricetta, Lorenzo Magalotti, segretario della fiorentina Accademia del Cimento, grande esperto e descrittore dei più tenui o intensi aromi ed odori, commentatore di Dante, uomo di scienza, e uomo di mondo, viaggiatore e, per un certo periodo, frate scolopio (uscì dal borrominiano convento romano degli Scolopi dicendo che non le penitenze lo avevano stancato ma le ricreazioni annoiato). La ricetta in versi si trova nel volume *Canzonette anacreontiche*, stampato in Firenze nel 1723, sotto il nome di Lindoro Eleateo: che era quello di Magalotti in Arcadia. Non inutilmente, aggiungiamo che «il siciliano» cui Magalotti attribuisce ricetta e nome doveva essere uno di quei «ripostieri» – pasticcieri e gelatai – che la Sicilia esportò nel secolo XVIII: al servizio del «Signor di Carbognano», e cioè di uno Sciarra.

Catalogo de' siciliani redenti

Una storia, sia pure limitata agli anni del dopo Lepanto come quella di Alberto Tenenti su *Venezia e i corsari*, manca per la pirateria barbaresca che per secoli infestò il Mediterraneo e flagellò la Sicilia. Dalle cronache si può avere idea della frequenza e incidenza delle scorrerie, della insicurezza in cui vivevano le popolazioni costiere, della mancanza di difesa, dei drammatici e dolorosi effetti di ogni incursione; ma non c'è una visione d'insieme, una ricerca coerente, uno studio adeguato alla vastità del fenomeno, al condizionamento che la vita di ogni giorno ne ebbe. I dati che riproduciamo (dal libro *Catalogo de' siciliani redenti*, Palermo 1804), e che riguardano un periodo meno ingente e meno efferato della pirateria proveniente dalle coste africane, crediamo valgano più di una singola cronaca. Ma è da avvertire che l'esercizio della pirateria non era, in reciprocità, ignoto ai siciliani.

Giovanni Meli
Riflessioni sullo stato presente del Regno di Sicilia

Giovanni Meli, cantore dei vezzi delle dame palermitane e della vita bucolica, come tutti gli uomini colti del suo tempo si interessò ai problemi economici della Sicilia. Queste sue «riflessioni», non sappiamo a chi destinate (sono state pubblicate, da un manoscritto, nel 1896), appartengono a quella letteratura intorno all'agricoltura e al commercio dei grani cui si provarono letterati e uomini di governo, e spesso con buona informazione, accortezza e buon senso. Questo del Meli ne è un esempio: e lo si può leggere oggi come un sommario ragguaglio sulle condizioni dell'agricoltura siciliana di allora, ma non senza qualche rispondenza alle condizioni di oggi.

Pietro Pisani
Regolamento della Real Casa dei Matti

Il 4 ottobre del 1811 al Real Teatro Carolino di Palermo fu rappresentata in gala, per l'onomastico del principe ereditario Francesco, l'opera *La scuola degli amanti* ovvero *Così fan tutte*, libretto di Lorenzo da Ponte, musica di Wolfgang Amadeus Mozart. L'insuccesso fu totale e definitivo: per centotrentasei anni le cronache del teatro musicale palermitano non registrarono altre rappresentazioni pubbliche di opere mozartiane. «Non andavano a sangue», dice il Serio.

Fanatico di Mozart, il barone Pietro Pisani aveva visto cadere un'opera che a Palermo avrebbe dovuto trovare nel pubblico quella «consonanza spirituale», come dice il Paumgartner, che altrove si era spenta con la rivoluzione francese; e forse appunto perciò era stata scelta. E indubbiamente sdegnato della irrimediabile sordità dei suoi pari a quella divina musica, qualche anno dopo fece eseguire a sue spese *Il flauto magico* ammettendo solo un altro spettatore: un tedesco di nome Marsano (Marsan probabilmente) di cui sappiamo che teneva negozio in Palermo, suonava il clarinetto e conosceva un po' di latino, se in latino grossamente aveva tradotto il libretto dell'opera, offrendo così al Pisani la possibilità di ricostituirlo «in versi italiani maestrevolmente conformati alla frase musicale».

Una simile realizzazione del teatro (che in Europa mi pare sia stata poi ripetuta da un re folle) avrebbe sconvolto nei persiani di Montesquieu quella nozione del teatro alla quale con mente vergine erano arrivati. E nello stesso Montesquieu. E in Pirandello che effettualmente la conferma, e anzi come in un prisma la scompone e potenzia. Ma il barone Pisani ben altre nozioni stava per sconvolgere: e se la sua concezione del teatro tanto era lontana dalla «invenzione» del teatro che Montesquieu attribuisce ai persiani – apparentemente per celia ma sostanzialmente per la ragione stessa che Borges pone come la sconfitta di Averroè («voleva immaginare un dramma senza sapere che cos'è un teatro») e che sarà la vittoria di Pirandello – la sua concezione della vita molto si avvicina a precorrere quella di Pirandello appunto. In due battute pirandelliane si può infatti riassumere la visione della vita, e il modo di vivere e di operare, del barone Pisani: «Deve sapere che abbiamo tutti come tre corde d'orologio in testa. La seria, la civile, la pazza»; «E via, sì, sono pazzo! Ma allora, perdio, inginocchiatevi! Inginocchiatevi! Vi ordino di inginocchiarvi tutti davanti a me – così! E toccate tre volte la terra con la fronte! Giù! Tutti, davanti ai pazzi, si deve stare così!». La prima è del *Berretto a sonagli*, cioè di una commedia precisamente localizzata e che assume e scioglie il tema della follia nella «tipicità» della vita siciliana, delle sue regole; la seconda dell'*Enrico IV*, in cui il tema trascorre dal caso clinico all'esistenza stessa.

Pietro Pisani nacque in Palermo nel 1761. Fin da ragazzo ebbe vivissima inclinazione alla musica; e senza maestro, contro la volontà del padre che l'avviava invece agli studi di legge, assiduamente la studiò. Si addottorò all'università di Catania in diritto civile e «prese a battere le vie del foro», ma di controvoglia. A ventitre anni sposò Maria Antonia Texeira Albornoz, che ne aveva diciannove, «bella della persona, di cuore ingenuo e pudico, ma spesso combattuto da insanabile gelosia, a cui certo dava egli alimento»: di lei Giovanni Meli canterà la voce, gradevole linda spirante desiderio e dolcezza. Ne ebbe otto figli, tra i quali egli predilesse il secondo, Antonino, che gli pareva realizzasse con seria e profonda applicazione quella sua sempre viva ma ormai dilettantesca passione per la musica.

Antonino aveva appena pubblicato un lodatissimo saggio *sul dritto uso della musica strumentale* quando, nel 1815, moriva. Poiché «nelle sue passioni toccava gli estremi, quantunque agli atti e ai modi sembrasse di una stoica impassibilità», Pietro Pisani tentò il suicidio. Salvato dai familiari, totalmente mutò modo di vivere. E si sarebbe del tutto chiuso nel lutto, così come fino alla morte ne portò l'abito, se i suoi doveri di funzionario non l'avessero, forse fortuitamente, portato alla passione per l'archeologia. Ufficiale della Real Segreteria di Stato e, dal 1820, segretario del luogotenente generale principe di Cutò, Pisani volse tutta la sua attenzione agli scavi che gli inglesi Harris ed Angell facevano a Selinunte: in quanto funzionario e in quanto dilettante, come allora si diceva, di antiquaria. Fermò l'emigrazione delle metope rinvenute, dando in compenso agli archeologi le copie in gesso che si trovano al Museo Britannico; e si diede a un paziente lavoro di ricostruzione e interpretazione dei pezzi, pubblicandone poi i risultati in una *Memoria sulle opere di scultura in Selinunte* che venne fuori, con un certo ritardo, nel 1824, quando già era preso da un'altra passione, più profonda e durevole. «Mi è stato – diceva poi – confidato dalla Provvidenza un deposito prezioso, la ragione dei poveri matterelli, ed io devo loro appoco appoco restituirla». La Provvidenza si manifestò attraverso il marchese Pietro Ugo delle Favare, nuovo luogotenente del Regno, che il 10 agosto del 1824, ritenendo che «per disposizione di cuore e per esattezza nell'adempimento del dovere» il Pisani rispondesse alle intenzioni del re e alle sue premure, lo nominava deputato alla Real Casa dei Matti.

Quando la lebbra si ritira dall'Europa e restano vuoti quei miserabili edifici, dice Michel Foucault, in cui il male era mantenuto ma non curato, ecco che quelle strutture d'esclusione tornano a funzionare per la pazzia. E un lebbrosario in cui si trovano ancora lebbrosi è quello che a Palermo, fino al 1824, è chiamato ospizio dei matti. «Lo abbandono, nel quale trovai per verità questo luogo, se dai miei occhi non fosse stato veduto, da chiunque udito lo avessi, io non lo avrei giammai creduto. Esso la sembianza di un serraglio di fiere presentava piuttosto, che di abitazione di umane creature. In volgere lo sguardo nell'interno dell'angusto edificio, poche cellette scorgevansi oscure sordide malsane: parte ai matti destinate, e parte alle matte. Colà stavansi rinchiusi, ed indistintamente ammucchiati, i maniaci i dementi i furiosi i melanconici. Alcuni di loro sopra poca paglia e sudicia distesi, i più sulla nuda terra. Molti eran del tutto ignudi, vari coperti di cenci in ischifosi stracci avvolti; e tutti a modo di bestie catenati, e di fastidiosi insetti ricolmi, e fame, e sete, e freddo, e caldo, e scherni, e strazj e battiture pativano. Estenuati gl'infelici, e quasi distrutti gli occhi tenean fissi in ogni uomo che improvviso compariva loro innanzi; e compresi di spavento per sospetto di nuovi affanni, in impeti subitamente rompeano di rabbia e di furore. Quindi assicurati dagli atti compassionevoli di chi pietosamente li guardava, dolenti oltre modo pietà chiedevano, le margini dei ferri mostrando, e le lividezze delle percosse di che tutto il corpo avean pieno. Quai martiri, oh Dio, e quanti! Eppure altre angosce incredibili e vere quei meschini sopportavano. Oltre degli accennati mali, varie infermità pestifere vedevansi alle loro membra appiccate; poiché si facean con essi insieme convivere gli etici, i lebbrosi, e tutti coloro che da sozzi morbi cutanei eran viziati».

Il primo provvedimento del Pisani fu quello di far cadere le catene e di ristorare quei disgraziati con «cibi ricreativi» e «soavi liquori»: e «parea in quel punto, che la follia avesse nelle loro menti ceduto il luogo alla ragione». Poi diede mano, in base a un regolamento da lui compilato (*Istruzioni per la novella Real Casa dei Matti*, Palermo 1827), ad un radicale rinnovamento dell'istituzione: e a tal punto che non fu più una istituzione. Già il regolamento era abbastanza avanzato rispetto a quel tempo ed al nostro. Ma è in effetti un documento burocratico in cui il marchese delle Favare che lo approva non può essere coinvolto in quella che Basaglia dice «mancanza di serietà e di rispettabilità, da sempre riconosciuta al malato mentale e a tutti gli *esclusi*» cui il Pisani era andato accomunandosi.

Insomma: se le sue carte dicono dell'istituzione, la sua vita e la sua opera totalmente la negano. Spesso firmava le sue lettere qualificandosi come il primo pazzo della Sicilia; e di un pazzo che aveva ucciso uno dei custodi, ad ammonimento di questi, fece fare il ritratto con questa iscrizione: «Vera effigie del Beato Giovanni Liotta da Aci Reale pazzo furioso il quale spinto dall'ira celeste uccise con un pezzo di canna infradicita il suo custode che voleva bastonarlo». Saggio al punto da riconoscersi folle, e abbastanza folle da ritenersi tra i folli il più saggio, in questa contraddizione diede vita ad una comunità armoniosamente articolata ed attiva, irripetibilmente realizzò un'utopia, un'opera d'arte, un teatro. «Riesce opportuno di combinare con loro, dirò così, delle continue scene di teatro»: ma sulla base della sincerità della fedeltà del non mancar giammai di parola né di mai occultare la verità.

Michele Palmieri, siciliano in esilio, in quei suoi vivissimi *Souvenirs* di cui Stendhal e Dumas si servirono, annotava: «Nel paese più arretrato d'Europa, c'è il manicomio più avanzato d'Europa». Ma il fenomeno era tutt'altro che incongruente e contraddittorio: appunto per l'arretratezza del paese la funzione di un «meccanismo d'esclusione» finiva con l'apparire sommamente ingiusta e ingiustificata agli occhi di un uomo pietoso e consapevole, tanto estremo nelle passioni quanto lucido nell'analizzarle, quale il Pisani. La «corda *civile*» rimaneva bloccata da secoli; e il funzionamento della «corda *seria*» andava ormai in sincronia allo scatenarsi della «corda *pazza*». Più tardi, il principe di Lampedusa parlerà di una follia siciliana: ma il barone Pisani ne aveva già avvertita coscienza, se dentro una tanto vasta area di follia ritagliò il solo luogo in cui si potesse ricostituire la ragione.

Alexis de Tocqueville
Viaggio in Sicilia

Questo primo saggio letterario di Alexis de Tocqueville è stato scritto in seguito ad un viaggio compiuto da lui e dal fratello Edouard, nel 1826-27.

Il manoscritto secondo Beaumont era costituito da un piccolo volume in 4° di 350 pagine. Non è stato possibile ritrovarlo.

Gli archivi del castello di Tocqueville possiedono solo una copia di estratti scritti da Beaumont e da Louis de Kergorlay. Questi estratti sono stati pubblicati nelle Opere Complete, tomo V, pagine 127-159. Ma il testo stampato, rispetto alla copia manoscritta, rivela la traccia di alcuni ritocchi fatti da Beaumont. Su tale testo è stata fatta questa prima traduzione italiana (Anna Jeronimidis).

Vincenzo Di Giovanni
Rosario Gregorio

Di Rosario Gregorio, nel saggio sul *Tramonto della cultura siciliana*, Giovanni Gentile dice: «Dallo sfondo accademico, arcadico, erudito del settecento si eleva in Sicilia, nella seconda metà del secolo, uno scrittore di polso, erudito anche lui, e indagatore e raccoglitore di diplomi e patrie memorie, ma critico insigne, di vasta dottrina e di acuto accorgimento, e, quel che è più, storico di larga concezione e rappresentazione della vita politica e sociale, dei costumi e della cultura dell'isola...».

Questo giudizio, che si articola in notizie e assomma a un ritratto, è già nello scritto di Vincenzo Di Giovanni che qui si ripubblica. Ed è da dire che il Di Giovanni (cui tra l'altro dobbiamo la conservazione e il dono dell'Annunziata di Antonello che è nella palermitana Galleria Nazionale) è stato filologo e storico di diretta discendenza dal Gregorio.

Giovanni Agostino De Cosmi
Appunti autobiografici

Queste brevi memorie di Giovanni Agostino De Cosmi le abbiamo messe assieme, quasi fossero state scritte in continuità, scremandole dal volume di Gaetano Di Giovanni al De Cosmi dedicato. Sono state scritte da lui: ma in forma di appunti e in epoche diverse, e forse con l'intenzione di servirsene per un più vasto ricordare. Così come sono, restano come una secca ma significativa autobiografia intellettuale.

Con Rosario Gregorio, De Cosmi è la figura più interessante della cultura siciliana nella seconda metà del secolo XVIII. E fu molto vicino al più illuminato viceré che la Sicilia abbia avuto, il marchese Caracciolo. Fu toccato dal sospetto di essere giansenista; e forse lo era.

Joseph Hager
Notizia riguardante una singolare impostura

Il dottor Joseph Hager, austriaco, professore di arabo all'Università di Vienna, venne a Palermo nel 1794, e lungamente vi soggiornò, come perito: a dar giudizio sulla falsità dei codici arabi dell'abate Vella, di cui già a Palermo si sospettava. Forse a Palermo era già stato, o vi tornò: e se dall'ufficiale incarico di perito cavò questa dilettevole relazione, dai suoi soggiorni nella città venne una *Gemälde von Palermo* (*Pittura di Palermo*) abbastanza attenta e vivace.

Sull'impostura dell'abate Vella molto è stato scritto; ma questa di Hager è la testimonianza piu vicina e competente. Col senno del poi (e un po' coi sospetti che allora corsero), l'impostura ci appare meno rozza e gratuita di quanto apparve al perito: serviva a colpire la feudalità siciliana e ad accrescere potere alla corona; e da ciò poteva venire un timido, moderato riformismo. Bisogna poi dire che l'impostura ebbe felici conseguenze negli studi: Rosario Gregorio cominciò ad apprendere l'arabo per smascherare il Vella, ne trasmise la passione al suo allievo Salvatore Morso, e questi a Michele Amari. Sicché, in effetti, dobbiamo al falsario Vella la *Storia dei musulmani di Sicilia* dell'Amari.

Delle cose di Sicilia
Volume quarto

1986

Francesco Maria Emanuele marchese di Villabianca
Una congiura giacobina

Francesco Maria Emanuele e Gaetani, marchese di Villabianca, nacque a Palermo il 12 marzo del 1720 e a Palermo morì il 6 febbraio del 1802.

Dice: «Comeché portato assaissimo dalla natura alla lezione delle istorie, e molto più di quelle della Sicilia, ove fortunatamente sortii i natali...»: l'*assaissimo* noi lo mettiamo nel senso della quantità soprattutto, poiché più di un dubbio abbiamo sull'affidabilità delle sue opere storiche. Di grande interesse sono invece i suoi *Diari palermitani*, i cui manoscritti giacciono nella Biblioteca Comunale di Palermo e sono stati parzialmente pubblicati nel secolo scorso da Gioacchino Di Marzo: scrupolosa e minuziosa cronaca di tutto quel che accadeva a Palermo ai suoi anni, dalle vicende climatiche alle disavventure coniugali.

Il passo che riportiamo (con qualche lieve taglio là dove irrimediabilmente «oscura è la lettera») fu estratto dai *Diari* e pubblicato da Vito La Mantia. La congiura di cui si racconta è quella di Francesco Paolo Di Blasi, avvocato, studioso di storia del diritto, pericolosamente «infranciosato» in quel 1795 in cui in Sicilia, ai vicerè liberaleggianti come Caracciolo e Caramanico, succedeva monsignor Lopez y Royo, che della rivoluzione di Francia temeva, maniacalmente, qualche effetto nell'Isola. Come del resto il marchese di Villabianca.

Francesco Lanza
Giovanni Meli

Francesco Lanza (Valguarnera 1897-1933) scrisse questa nota su Meli come introduzione a un'antologia pubblicata dai Treves nel 1935 (*Le più belle pagine di Giovanni Meli scelte da Francesco Lanza*). Sembrano una estravaganza, ma vi si intesse un preciso giudizio. E una confessione. La confessione di quel che di «meliano» Francesco Lanza – l'autore dei *Mimi*: indimenticabili per chi li ha letti – riconosceva in sé, nelle sue rappresentazioni malinconiche e argute del mondo contadino siciliano.

Giuseppe Piaggia
Illustrazione di Milazzo

«Lo istinto a velar qualche dolorosa verità, fece per parecchi anni astenermi dallo scrivere quel libro, che qui appare... Eppure, parvemi infine che la mia fosse una perniciosa carità: calcolai che la minor possibile infelicità dei popoli non emerga dalle carte gonfie di un falso amor di patria. Tosto che rechisi a nudo lo stato di fatto della morale di un popolo, e si additino fin qui le cause, che agli occhi imperiti sembrerebbero di lieve o nessuna influenza, i piani d'educazione, onde meliorare, al grado possibile, la stessa morale, sono per fermo di facile esecuzione, e quasi da quelle cause disegnati». Così scrive Giuseppe Piaggia nel proemio alla *Illustrazione di Milazzo e studi sulla morale e su' costumi dei villani del suo territorio*, pubblicata a Palermo nel 1853 dalla stamperia di Pietro Morvillo. La *morale* dei villani, di cui il Piaggia discorre, sarebbe lo stato di superstizione e di ignoranza in cui vivono: ma là dove lo scrittore, invece che illustrare, teorizza, riesce piuttosto confuso o banale; mentre la sua stessa prosa si alleggerisce ed illumina quando racconta e descrive. Un libro che, in complesso, meriterebbe di esser conosciuto, almeno per quella seconda parte che si intitola *Vitalità e costumi de' villani*, da cui son tolte le pagine che seguono.

Alessandro D'Ancona
Canti narrativi del popolo siciliano

Alessandro D'Ancona (1835-1914), studioso che ebbe vasti e vari interessi filologici e storici (da Casanova agli archivi della polizia austriaca, dalla poesia popolare al carteggio di Michele Amari), autore, assieme ad Orazio Bacci, di un manuale della letteratura italiana che bisognerebbe avere il coraggio di far rientrare nella scuola, da cui già da parecchi anni è uscito, ha pubblicato questo saggio, tra quelli di letteratura popolare editi dal Giusti, libraio-tipografo livornese, nel 1913. Gli addetti ai lavori potranno forse avanzare delle riserve: ma noi, anche se le intravediamo, consideriamo fondamentale questo saggio che integralmente riportiamo.

Serafino Amabile Guastella
Il canto della messe

Il barone Serafino Amabile Guastella fu alacre raccoglitore e vivace e sottile esecutore di tradizioni popolari del circondario – antica contea – di Modica. Nato a Chiaramonte Gulfi nel 1819, non se ne allontanò fino alla morte, nel 1889. E a Ragusa, in deliziose edizioni, pubblicò tutti i suoi libri. Notevolissimo quello delle *Parità*, ripubblicato qualche anno fa con prefazione di Italo Calvino.

Questo *Canto della messe* è tratto dal volumetto *Ninne nanne del Circondario di Modica* e Guastella ve lo collocò in appendice. Tutt'altro che una ninna nanna: violento, feroce; fa pensare alle rivolte contadine che in Sicilia esplosero all'arrivo di Garibaldi.

Francesco Brancaccio di Carpino
Tre mesi nella Vicaria di Palermo

Al di là delle notizie che si possono estrarre da questi suoi ricordi (*Tre mesi nella Vicaria di Palermo*, Napoli, 1901:

e ne diamo la parte che ci sembra più interessante), pochissimo sappiamo di Francesco Brancaccio di Carpino. Giovanissimo nel 1860, invecchiando si diede a scrivere, soprattutto dilettandosi alla storia dei papi. Nel 1901, pubblicando questi vividi ricordi, prometteva un *Casanova giudicato secondo le sue stesse memorie.* Il voler giudicare Casanova un po' mette in allarme riguardo alla personalità del giudicante. Speriamo che Brancaccio di Carpino si sia accorto in tempo che Casanova era ingiudicabile.

Alberto Savinio
Bellini

Tra le due guerre, ci sono stati in Italia due critici musicali di eccezionale competenza ed estrosità: Bruno Barilli e Alberto Savinio. Scrittori e musicisti entrambi; e Savinio anche pittore (in anagrafe Andrea De Chirico, fratello di Giorgio). Di Savinio abbiamo trascelto, dal volume *Scatola sonora* che raccoglie le sue critiche musicali (prevalentemente pubblicate sull'«Omnibus» di Longanesi) quelle che riguardano le opere di Bellini e compongono un saggio di vivace, spregiudicata, ardita intelligenza.

Rodolfo De Mattei
Il diario

Da *Isola segreta* di Rodolfo De Mattei questo capitolo che sembra d'invenzione e racconta invece l'attività diaristica, che si sospettava di estrema malignità, della famiglia catanese dei Cristadoro: sicché, da coloro che temevano quel loro segreto metter nero su bianco, ne ebbero fama di jettatori, tuttora persistente a Catania.

I diari si trovano oggi nella Biblioteca Universitaria di Catania. Scritti rozzamente, aprono momenti effettivamente spassosi: tali, cioè, da giustificare i timori dei notabili catanesi di allora.

Vittorio Emanuele Orlando
Michele Amari e la storia del regno di Sicilia

Vittorio Emanuele Orlando (Palermo 1860-Roma 1952) giurista e uomo politico, presidente del Consiglio dopo Caporetto, scrisse questo appassionato saggio su Michele Amari preparando l'antologia delle «più belle pagine» per la collana così intitolata che, sotto la direzione di Ugo Ojetti, gli editori Treves pubblicavano (*Le più belle pagine di Michele Amari scelte da V. E. Orlando*, Milano, 1828). Tanto appassionato quanto appassionata è l'opera di storico di Amari e la sua vita di uomo del Risorgimento.

Giovanni Verga
Messina 1908

A beneficio degli orfani del terremoto che distrusse Messina nel 1908, l'Associazione della Stampa Periodica Italiana pubblicò un volume di testimonianze sull'avvenimento e di prose, poesie, musiche e disegni di vario argomento. Vi collaborò anche Giovanni Verga, con questa breve e toccante «cosa vista».

David H. Lawrence
Giovanni Verga

David Herbert Lawrence tradusse e pubblicò, tra il 1923 e il 1928, il *Mastro don Gesualdo* e *Cavalleria rusticana* e altre novelle di Verga. Questo saggio (che diamo nella vivace traduzione di Elio Vittorini, quasi di ricreazione pur essendo sostanzialmente fedele) faceva da introduzione al romanzo. Con rapida intelligenza, Lawrence coglie l'essenza del mondo verghiano. La critica verghiana di tipo accademico ancora non se n'è accorta.

Giovanni Gentile
Giuseppe Pitrè

Nella prefazione al *Tramonto della cultura siciliana* (edizione Zanichelli del 1919) Giovanni Gentile diceva: «Tra il 19 marzo e il 10 aprile 1916 morivano in Palermo Salvatore Salomone Marino, Gioacchino Di Marzo e Giuseppe Pitrè, sparendo così a un tratto la triade degli scrittori più benemeriti e più rappresentativi della cultura siciliana del secolo XIX». Dei tre, a Giuseppe Pitrè dedicò particolare attenzione, promuovendo l'edizione nazionale delle opere (piuttosto infelice e rimasta incompleta) e tracciandone, come a preludio, questo profilo: che fu pubblicato in un libriccino della «Biblioteca del Leonardo» nel 1940.

Luigi Pirandello
Discorso su Verga

Pirandello tenne due discorsi su Verga: il primo a Catania, nel 1920, presente Verga, di cui si festeggiavano gli ottant'anni; il secondo all'Accademia d'Italia, nel 1931, a celebrazione del cinquantenario dei *Malavoglia*. I due discorsi sono sostanzialmente uguali. Qui diamo il testo del secondo. Inutile dire che nel discorso di Pirandello – di uno scrittore siciliano per uno scrittore siciliano – è implicito un discorso sulla Sicilia, sulla Sicilia come entrambi – con una sofferenza non priva di un sentimento di «elezione» – la vissero e ne resero universali le particolarità, le passioni.

Vitaliano Brancati
Ricordo di De Roberto

Più volte accadde a Vitaliano Brancati di scrivere su De Roberto: dalla tesi di laurea a ricordi e giudizi sparsamente pubblicati. In effetti, De Roberto è lo scrittore cui Brancati è più agevolmente collegabile, nella tradizione della narrativa siciliana. Questo *Ricordo*, pur brevissimo, è sintesi di quel che Brancati sentì e giudicò dell'autore de *I Vicerè*: e la finale dichiarazione di indipendenza, di distacco, è da valutare, in sede critica, con qualche cautela.

Benjamin Crémieux
Pirandello siciliano

Benjamin Crémieux, scrittore e critico francese (nato nel 1888 moriva nel 1944, prigioniero nel lager di Buchenwald), ha il merito di aver fatto conoscere in Francia tanti scrittori italiani, e particolarmente Pirandello: a volte traducendo; più spesso, con grande finezza, segnalando.

La nota che qui pubblichiamo è l'introduzione alle cinque novelle di Pirandello da lui tradotte e pubblicate, col titolo di *Vieille Sicile*, nel 1928, dall'editore Kra. Importante, crediamo, vi è l'intuizione del Pirandello siciliano: in un momento in cui pochissimi vi facevano attenzione. Il lato puramente siciliano dell'opera di Pirandello – dice Crémieux – resta ancora quasi ignoto al lettore francese. Ma era ancora quasi ignoto anche al lettore italiano. Non come dato di fatto, intendiamo, ma come sostanza dell'opera come essenza.

Prima di questa piccola antologia di novelle, in Francia ne erano state pubblicate tre col titolo di *Ignorantes*: pure da Simon Kra, nel 1926; e pure in edizione numerata. Ci vorrà ancora mezzo secolo – e il lavoro di Georges Piroué – perché si arrivi alla traduzione di tutte le *Novelle per un anno*.

Vincenzo Consolo
Lucio Piccolo

Vincenzo Consolo (autore della *Ferita dell'aprile*, del *Sorriso dell'ignoto marinaio* e *Lunaria*) è nato a Sant'Agata di Militello nel 1933. Buon vicino, dunque, del barone Lucio Piccolo di Calanovella, che viveva a monte di Capo d'Orlando, in una villa incantevole e si può dire incantata: negli incanti dei versi che lui distillava, degli gnomi elfi e fate che suo fratello Casimiro dipingeva, delle evocazioni spiritiche in cui i due fratelli e la sorella si raccoglievano ogni sera. E incantato – non soltanto nella materia, ma per come è scritto – si può dire anche questo ricordo, questa evocazione, che Consolo ha scritto del personaggio Piccolo: che anche per noi resta uno dei più memorabili incontri che nella vita abbiamo avuto la ventura di fare.

Corrado Alvaro
Renato Guttuso

Corrado Alvaro (1895-1956) scrisse queste pagine su Guttuso a presentazione di una mostra riassuntiva che si tenne a Roma nel 1947. Le abbiamo preferite a tante altre pagine che sono state scritte su Guttuso, da altri scrittori, perché nella loro essenzialità e chiarezza sottraggono il pittore alla retorica dell'impegno politico, del populismo e del color locale cui spesso, nei suoi riguardi, si cede.

Nino Savarese
La Sicilia nei suoi aspetti poco noti od ignorati

Nella collana «L'Italia nascosta» che Nino Savarese dirigeva per una casa editrice romana fu pubblicato – crediamo negli anni Trenta – il volumetto che qui riproduciamo integralmente: *La Sicilia nei suoi aspetti poco noti od ignorati*. Di Savarese, che si avvalse anche della collaborazione di Francesco Lanza. È un ritratto della Sicilia di quegli anni, colto da uno scrittore che molto l'amava. Luoghi, attività, modo di essere: un mondo che la guerra sta per oscurare e che da quella oscurità riemergerà con molti mutamenti nel costume, nel modo di vivere, nel paesaggio, nella fisionomia delle città e dei paesi, ma con vecchie remore fortificate piuttosto che indebolite.

Nino Savarese (nato ad Enna, allora Castrogiovanni, nel 1882; morto a Roma nel 1945), fece parte del gruppo della rivista «La ronda». Prosatore esattissimo e d'ingegno, come diceva il suo amico Lanza, «speculativo», di lui ci restano molte opere suggestive ed amabili: e specialmente quelle in cui la sua fantasia si è mossa sulle tracce mitiche, favolose e storiche della sua città e della Sicilia del feudo e feudale.

Eric J. Hobsbawm
La Mafia

Dal libro *I ribelli*, pubblicato dalla casa editrice Einaudi nel 1966 nella traduzione di Betty Foà (titolo dell'edizione inglese, del 1959: *Primitive Rebels. Studies in Archaic Forms of Social Movement in the 19th and 20th Centuries*), questo saggio che consideriamo tra i più illuminanti che siano mai stati scritti sulla mafia, è forse il più illuminante. A chi può apparire eccessivamente semplificante, si può rispondere che un fenomeno come la mafia, su cui tanto e confusamente si scrive, su cui grava la ricerca del tenebroso e del colore locale, ha bisogno di una simile, e più che probante, semplificazione.

Eric J. Hobsbawm, docente di storia, è nato ad Alessandria d'Egitto nel 1917. Altri suoi libri (di grande interesse quelli sulle rivoluzioni borghesi e sul banditismo) si trovano in traduzione italiana.

José Maria Valverde
Terra di Sicilia

José Maria Valverde, nato a Valencia nel 1926. Ha soggiornato lungamente in Italia, ha scritto per la radio italiana una storia della letteratura spagnola (poi pubblicata in volume). Dalla raccolta di poesie *La espera*, 1949, questa sulla Sicilia: che pone e suggerisce somiglianze, analogie, rispondenze che trovano convalida nella storia.

La traduzione è di Vittorio Bodini.

Hugo von Hofmannsthal
Noi e la Sicilia

Con questa prosa di Hugo von Hofmannsthal, prefazione a un libro di fotografie di luoghi siciliani (di Paul Hommel nell'edizione del 1926, di Konrad Helbig in quella del 1958), chiudiamo quest'antologia di «cose siciliane». Nei nostri intenti, una notizia della Sicilia attraverso i secoli, forse un'idea della Sicilia.

Postfazione

di

Salvatore Silvano Nigro

Nel corso della sua lunga e popolosa attività di scrittore di recensioni, Giorgio Manganelli ebbe più volte l'occasione di dichiarare la propria devozione «alle amabili edizioni di Sellerio»; soprattutto ai «"piccoli blu" che è una delle scoperte della nostra editoria»: una «bella collana che non oserei chiamare tascabile». Non metteva i quadrotti della Sellerio tra i libri comodi da leggere e dimenticare nel sedile del treno. Li segnalava come libri da non mancare, maneggevoli senz'altro, che fanno biblioteca di cultura, e quindi «memoria». E questa era l'intenzione dell'ideatore della collana, Leonardo Sciascia, che non a caso studiò a lungo il titolo programmatico da dare alla serie in divisa blu.

Dagli umbracoli dell'archivio della casa editrice, a sedici anni di distanza dalla prima edizione di questo libro, che cadono nel cinquantesimo anniversario della casa editrice Sellerio e nel trentennale della morte di Sciascia, sono emersi documenti nuovi, frammenti e testimonianze di un fervido lavoro editoriale. Fra questi una lista dattiloscritta di possibili intestazioni della collana, fatte scendere a tendina, cui segue una glossa manoscritta di Sciascia: «BIBLIOTECA MINIMA – LA MEMORIA – LE PLAISIR DU TEXTE – ORSA MINORE – LA ROSA DEI VENTI – I SENTIERI CHE SI BIFORCANO – LA TRASPARENZA E L'OSTACOLO – EL OTRO, EL MISMO = L'ALTRO, LO STESSO – MIMESIS». Significativa è la glossa, che spiega il titolo spagnolo, puntando sul ritorno circolare dei libri, nel tempo, o piuttosto periodico, secondo un percorso imprevedibile come gli andirivieni di un labirinto: «*El otro, el mismo*: la denominazione di questa collana viene da Borges, e allude a riproposte, a ritorni, alla circolarità, al labirinto. *L'altro, lo stesso*». Prevalse «La memoria», che nella sua efficace semplicità presuppone (come lo stesso Sciascia spiegò nella scheda di presentazione della collana) la capacità di far «rivivere l'antico in una dimensione borgesiana», sempre uguale a se stesso e sempre diverso nel piacere delle riletture, riservando quelle «scoperte, riscoperte, rivelazioni, sorprese» che la «rosa del poeta» sottraggono allo «spazio di un mattino» e consegnano ai percorsi perpetui della fruizione. Per onorare la fedeltà alle origini sciasciane, il titolo «La rosa dei venti» venne poi recuperato da Elvira Sellerio come intestazione dei venti volumetti prescelti e ristampati nel quarantesimo anniversario della casa editrice.

Il procedimento a tendina che Sciascia seguiva nel decidersi per uno o per un altro titolo valeva anche per i singoli libri. Stendeva dapprima una lista, che era una scaletta di approssimazioni. E arrivava alla sintesi di

BIBLIOTECA MINIMA
LA MEMORIA
LE PLAISIR DU TEXTE
ORSA MINORE
LA ROSA DEI VENTI
I SENTIERI CHE SI BIFORCANO
LA TRASPARENZA E ~~XXXXXXX~~ L'OSTACOLO
EL OTRO, EL MISMO = L'ALTRO, LO STESSO
MIMESIS

El otro, el mismo: la denominazione di questa collana viene da Borges e allude a riproporre, a ritorni, alla circolarità, al labirinto. L'altro, lo stesso.

Viaggio nella mente barocca
Gracián o le astuzie dell'astuzia
Il labirinto barocco dell'astuzia
Barocco: le astuzie dell'astuzia

Viaggio nella mente barocca: Gracián
ovvero le astuzie dell'astuzia

una folgorazione finale. Intanto che rigirava fra le mani le bozze di stampa di un libro di Gianfranco Dioguardi destinato alla collana «La civiltà perfezionata», rifletteva sul titolo da dare al volume. Cercava una titolazione che desse conto dei paradossi e delle arguzie della «mente» nel secolo che la sprezzatura rinascimentale risolveva baroccamente nella agudeza della dissimulazione che dissimula se stessa. Su un foglio di carta scrisse a mano quattro intestazioni possibili, dopo un primo elenco più lungo di ben tre unità: «Viaggio nella mente barocca – Gracián o le astuzie dell'astuzia – Il labirinto barocco dell'astuzia – Barocco: le astuzie dell'astuzia». Il risultato finale dette: *Viaggio nella mente barocca: Baltasar Gracián ovvero le astuzie dell'astuzia*.

La meticolosità di Sciascia si appuntava persino sui frontespizi. Corretto a penna è il frontespizio di *Torre di guardia* di Savinio, sempre nella collana «La civiltà perfezionata». Non contava soltanto la precisione. Era importante pure la geometria della pagina, il suo disegno: il «giudizio» dell'occhio. Per questo motivo, sia Sciascia che Elvira Sellerio, erano restii alla promozione dei libri tramite fascette pubblicitarie, considerate réclame, claque, che turbavano l'equilibrio della grafica genialmente disegnata da Enzo Sellerio. Lo capì benissimo Tabucchi che, il 29 febbraio 1984, scrisse a Elvira Sellerio: «Non si preoccupi di "danneggiarmi" non facendo pubblicità. Al contrario. Una fascetta sul libro e cose simili mi avrebbero fatto sentire a disagio. La Sellerio, come credo di aver già detto, mi piace proprio per la sua eleganza».

Sciascia riscontrava le traduzioni dal francese. Temeva sviste, approssimazioni e refusi: «*falsa vergogna* o *falso puntiglio?*»; «*aizzate le guardie* o *chiamate* o *fatte intervenire?*»; «*della loro felicità* o *della sua?*»; «*il migliore dei modi* o dei *mondi?*». Sono, queste, alcune delle postille manoscritte alla traduzione del libro di Robert Abirached, *Casanova o la dissipazione*, che nel 1977 venne pubblicato nella «Civiltà perfezionata», con una Introduzione di Sciascia.

I refusi, quegli insetti impertinenti che frastornano la lettura con i loro ronzii senza senso (rendendosi responsabili di sabotaggi, quando il senso lo dànno), inquietavano Sciascia. Lo sapeva Bufalino, lettore attentissimo, che si incaricò di segnalare a Sciascia i refusi che gli venivano sott'occhio; persino quelli più ovvi o insignificanti come «parole [...] introdotti», per «introdotte», nell'edizione delle *Lezioni su Stendhal* di Giuseppe Tomasi di Lampedusa («La civiltà perfezionata», 1977).

A Bufalino, Elvira Sellerio aveva commissionato una scelta dalla enciclopedica *Naturalis historia* di Plinio il Vecchio: un libro «emozionante» (nel giudizio di Bufalino) su «squisitezze, mostri, miracoli e sogni» o sugli animali. Il libro non si fece, ma venne discusso con Sciascia. Elvira Sellerio era affascinata dall'opera di Plinio. L'aveva letta (anche se parzialmente) da giovane.

Alberto Savinio

Torre di Guardia

Introduzione di
Salvatore Battaglia

a cura di
Leonardo Sciascia
e con un saggio di
Salvatore Battaglia

Sellerio editore
Palermo

Controllare sul testo francese:
bout-en-train (tutto il periodo) — pag. 79
sabir — pag. 100
Manf — pag. 105 ✗
il migliore dei modi o dei mondi? — pag. 115 ✗
miccia (terzultima riga) — pag. 119
della loro felicità o della sua? — pag. 146
falsa vergogna o falso puntiglio? — pag. 156
aizzate le guardie o chiamate o fatte intervenire? — pag. 164

attenzione alle note che mancano

E quando nel 2007 Camilleri le consegnerà il dattiloscritto di uno dei suoi romanzi della trilogia fantastica, *Maruzza Musumeci*, leggerà questa scena di vita di provincia plinianamente, come una storia naturale delle sirene.

La casa editrice era governata da una perfetta diarchia, che si concedeva un armonico gioco delle parti. Sciascia scrisse di pugno suo la minuta di una lettera a Francesco Gabrieli, facendosi passare per Elvira Sellerio: «Gentile Professor Gabrieli, Leonardo Sciascia ci ha comunicato il suo consenso alla ripubblicazione, nell'antologia in quattro volumi che prepariamo *Delle cose di Sicilia*, del saggio su Ibn Hamdis e della postilla al Di Matteo. Le siamo molto grati [...]».
Per una forma di discrezione e di affettuoso riguardo, Sciascia voleva che i suoi amici leggessero i risvolti di copertina che aveva scritto per i loro libri ancor prima che venissero pubblicati. Ma non voleva essere invadente, schivo com'era, e neppure compiaciuto. Era Elvira che si prestava alla gentilezza: «Carissimo Leonardo, Elvira mi ha letto (due volte) al telefono il tuo "risvolto" [su *Retablo*]: l'ho trovato, oltre che generoso, perfetto. Perfetto nel breve, cristallino e penetrante resoconto della lettura, nella didascalia del libro», scrisse Vincenzo Consolo a Sciascia il 21 settembre del 1987 (la lettera è ora pubblicata nel volumetto Vincenzo Consolo, Leonardo Sciascia, *Essere o no scrittore. Lettere 1963-1988*, a cura di Rosalba Galvagno, Archinto, Milano 2019).

E solo a Elvira Sellerio fu dato di espugnare la riservatezza cerimoniosa di Bufalino, ottenendo il dattiloscritto di *Diceria dell'untore*: «Cara Signora, sarà per un naturale sconcerto da talpa disseppellita (io non mi amo molto, e non capirò mai perché ce l'ho tanto con me), certo è che il suo interessamento (di cui comunque Le sono riconoscentissimo) per le cose mie, mi porta non meno allarme che contentezza. Sicché è con qualche esitazione che le spedisco il più antico (1971) dei due manoscritti di cui s'è discorso (l'altro più recente è di un rigido sperimentalismo che oggi come oggi non mi va di esibire). Perché non ho mai cercato editori o lettori? Fiducia, superbia, pigrizia, mancanza di slancio vitale, ecc. Ma forse perché la mia vita interiore corre sul filo di una nevrosi ben mascherata e le mie scritture mi sono servite come giocattoli per distrarmene o medicine-placebo. Senza parlare del piacere di cavarle una volta l'anno da una tana e crederle, senza possibili smentite, bellissime [...]» (lettera datata «Comiso 1980»).

I risvolti di Sciascia sono cronachette critico-letterarie di grande probità intellettuale che, nella loro densità, rendono semplice un intrico di itinerari e sentieri. E si sa, «essere semplice è tutt'altro che semplice», ha scritto Alfred Polgar nel suo delizioso *Manuale del critico*. Sciascia sapeva come accettare la vessazione dello spazio limitato della bandella, per farne virtù di sobrietà ed essenzialità, pur tra preziosità erudite e soccorsi informativi, in una prosa asciutta

Gentile Professor Gabrieli,

Leonardo Sciascia ci ha comunicato il suo consenso alla ripubblicazione, nell'antologia in quattro volumi che prepariamo delle cose di Sicilia, del saggio su Ibn Hamdis e della postilla al Di Matteo. Le siamo molto grati.

~~Dalla copia del catalogo che le inviamo potrà vedere quale attività svolga la nostra casa editrice ed anche l'annuncio riguardo all'antologia.~~

Sulla base di quanto abbiamo stabilito per i compensi ai testi con diritto d'autore, le proponiamo l'una tantum di lire 300.000. La preghiamo di farci sapere se va bene.

Ancora grazie e cordiali saluti,

Le mandiamo accluso l'indice del primo volume e a parte un libro che siamo sicuri la interesserà.

Per una "notizia" da premettere a questo libro di ricordi francesi di Alberto Savinio abbiamo voluto tradurre questa nota di Bianciotti (scritta per presentare ad un pubblico straniero lo scrittore italiano) anche in considerazione del fatto che non c'è scrittore italiano per gli italiani più "straniero" di Savinio. Bisogna aggiungere che Hector Bianciotti, italiano di origine, sudamericano di nascita, di lingua francese come narratore e critico, realizza quel che Savinio - nel personaggio di Nivasio Dolcemare - dice di sé: come di uomo che per suo conto aveva già risolto il problema dell'internazionalismo, dell'unità e fratellanza dei popoli. (Leonardo Sciascia)

ed esatta, sapientemente geometrica nel disegnare, dentro il movimento della paginetta, la trama del libro e le trame dei sottintesi, delle ascendenze, delle interlocuzioni, dell'interesse per i nuovi lettori nella loro particolare situazione storica. Pianamente scritte, con pacatezza, secondo una loro sottile misura ritmica, all'improvviso svoltano in un lampeggiamento che incide tanto quanto lo scalpello di un maestro lapicida: «la storia di un milite noto contro la "illeale" apoteosi del milite ignoto»; «un'apologia dello scetticismo: forse particolarmente salutare in un momento in cui muoiono le certezze al tempo stesso che di certezze si muore»; «Baltasar Gracián, moralista di nessuna morale e di trascendente malizia». I risvolti tendono a stabilire richiami tra un libro e l'altro della collana, in modo da far collezione, progetto: collana, per l'appunto. Non è un caso, quindi, che il risvolto del volume *Il rosso e il rosa* di Sofia Guglielmina margravia di Bareith si apra con un rinvio alle *Memorie* di Voltaire pubblicate «tra i primi numeri» della «Memoria». E può capitare che il dialogo sia tra il "risvoltista" e direttore della collana e il curatore del volume, implicitamente evocato attraverso il riporto di frasi della nota critica: tra Sciascia e Attilio Carapezza, in Daniel Defoe, *La vera storia di Jonathan Wild*.

Il più delle volte Sciascia scriveva a macchina, e poi correggeva e integrava con la scrittura a penna. Ne dà esempio l'appunto che aggiunse alla fine dell'introduzione (da lui tradotta) di Héctor Bianciotti per *Souvenirs* di Savinio. Ma più significativo è il caso della scheda per i librai del primo numero della «Memoria», *Dalle parti degli infedeli*. Sciascia batté a macchina l'"autopresentazione". Poi aggiunse manoscritta una didascalia di più minuta informazione: «Protagonista ne è il vescovo di Patti Angelo Ficarra, studioso di patristica, autore di un saggio, rimasto inedito, sulla irreligiosità dei siciliani. Fu dimissionato nel 1957, dopo un decennio di tentativi per costringerlo alla dimissione da parte della curia vaticana. La sua colpa, quella di non essersi mai curato, sul terreno elettorale, delle sorti della Democrazia Cristiana e di non aver tenuto conto della scomunica comminata ai comunisti».

Il ritrovamento del risvolto manoscritto per D.L.S.L.L.S.D.C., *De La Signora Laura Lanza Signora di Carini*, ci mette di fronte a una pagina emotivamente "disegnata". Sciascia inquadra la situazione filologico-documentaria relativa al «poemetto sul tragico caso della baronessa di Carini». Indugia sulla scoperta di un nuovo manoscritto, «segnalato» da Cesare Greppi e ora «affidato...» e qui si interrompe la linearità orizzontale della scrittura. Sciascia, senza nessun motivo apparente (c'è, in basso, spazio sufficiente per concludere), ha rigirato il foglio e ha continuato a scrivere sul margine sinistro: «... alla cura di Laura Sciascia, che ne ha fatto la traduzione in italiano e ha scritto un saggio introduttivo in cui fa il punto della questione e formula l'attribuzione del

S
Sellerio editore

<u>Dalle parti degli infedeli</u> di Leonardo Sciascia

<u>Collana</u>: La memoria

<u>Pagine</u>: ~~c==~~ ~~==~~ 88

~~Prezzo: 3.000~~

<u>Numero di codice</u>: CL 17-0059-6

<u>Contenuto</u>: Come "Morte dell'Inquisitore","La scomparsa di Majorana" e gli "Atti relativi alla morte di Raymond Roussel", questo nuovo racconto di Leonardo Sciascia si muove su una scacchiera di documenti inediti (e sono, alcuni, documenti di estrema segretezza: al punto che la loro divulgazione comporta scomunica "maggiore") e ricostruisce una vicenda che si può dire esemplare. Esemplare per la storia italiana di questi ultimi anni, per i rapporti tra la Chiesa e la Democrazia Cristiana, tra la Chiesa di Pio XII e un suo vescovo "ribelle". Protagonista ne è il Vescovo di Patti Angelo Ficarra, studioso di patristica, autore di un saggio, rimasto inedito, sulla irreligiosità dei siciliani. Fu dimissionato nel 1957, dopo un decennio di tentativi per costringerlo alla dimissione da parte della curia vaticana. La sua colpa, quella di non essersi mai curato, sul terreno elettorale, delle sorti della Democrazia Cristiana e di non aver

90141 Palermo via Siracusa 50 telefono (091) 25 03 90

tenuto conto della scomunica comminata ai 'comunisti'.

Salvatore Salomone Marino si arrovellò
per anni a ricostruire, su una ingente
quantità di frammenti e varianti, il poemetto sul tragico caso della baronessa di
Carini, al tempo stesso cercando di ricostruire i fatti, che l'omertà dei contemporanei aveva reso oscuri. Discutibile (anche se felice)
l'operazione filologica; di esatta intuizione,
su evanescenti tracce documentarie, la ricostruzione storica, l'identificazione dei personaggi.
I documenti risolutivi sono stati trovati, negli
archivi spagnoli, in questi anni; ma finora
nessuno aveva notato l'esistenza di un poemetto manoscritto, in una biblioteca italiana,
che – sia pure incompleto – dichiarava
l'identità dei personaggi e svolgeva
con diverso sentimento e giudizio
la tragica vicenda. Segnalato da Cesare
Greppi, il poemetto è stato affidato

alle cure di Laura Sicuri, che ne ha fatto la trascrizione
in italiano e ha scritto un saggio indubitabile in cui fa il punto
della funzione e permette l'attribuzione del poemetto a Girolamo Avila,
barone della Sosizzetta.

poemetto a Girolamo Avila, barone della Boscaglia». Il direttore della collana è stato colto dall'emozione, dalla tenerezza paterna; e, con orgoglioso pudore, ha dato una collocazione laterale all'informazione sulla curatela del libro. Anche questi sentimenti fanno parte del ritratto di uno scrittore che sapeva vivere fino in fondo, con discrezione, e con passione, la «felicità di far libri».

SALVATORE SILVANO NIGRO

Febbraio 2019

Elenco dei titoli

Di ogni titolo di cui Leonardo Sciascia ha scritto il testo per il segnalibro, il risvolto di copertina, la nota dell'editore, e delle antologie da lui curate forniamo qui di seguito le indicazioni bibliografiche complete

SEGNALIBRI

Leonardo Sciascia *L'affaire Moro*
In copertina: incisione di Fabrizio Clerici
Collana «La civiltà perfezionata», 1978

Charles-Joseph de Ligne *Aneddoti e ritratti*
Con un saggio di Sainte-Beuve
Traduzione e note di Anna Jeronimidis
In copertina: incisione di Riccardo Tommasi Ferroni
Collana «La civiltà perfezionata», 1979

Oscar Wilde *Il delitto di lord Arturo Savile*
Introduzione di Arnaldo De Lisle
Traduzione di Federigo Verdinois
In copertina: incisione di Tono Zancanaro
Collana «La civiltà perfezionata», 1979

Paolo Maura *La cattura*
A cura di Giuseppe Bonaviri
In copertina: incisione di Giancarlo Cazzaniga
Collana «La civiltà perfezionata», 1979

Stendhal *Racine e Shakespeare*
A cura di Massimo Colesanti
In copertina: incisione di Bruno Caruso
Collana «La civiltà perfezionata», 1980

Roger Caillois *Il fiume Alfeo*
Con un'intervista di Héctor Bianciotti
Traduzione di Maria Andronico
In copertina: incisione di Carlo Cattaneo
Collana «La civiltà perfezionata», 1980

Nicolò Tommaseo *Giovan Battista Vico e il suo secolo*
In copertina: incisione di Aldo Pecoraino
Collana «La civiltà perfezionata», 1985

Gianfranco Dioguardi *Viaggio nella mente barocca. Baltasar Gracián ovvero le astuzie dell'astuzia*
Introduzione di Giovanni Santambrogio
In copertina: incisione di Edo Janich
Collana «La civiltà perfezionata», 1986

Gianfranco Dioguardi *Il gioco del caso*
In copertina: incisione di Edo Janich
Collana «La civiltà perfezionata», 1987

Risvolti

Leonardo Sciascia *Dalle parti degli infedeli*
Collana «La memoria» n. 1, 1979

Robert L. Stevenson *Il diamante del Rajà*
Con un saggio di Emilio Cecchi
Traduzione di Carlo Linati
Collana «La memoria» n. 2, 1979

Lidia Storoni Mazzolani *Il ragionamento del principe di Biscari a Madama N.N.*
Collana «La memoria» n. 3, 1980

Anatole France *Il procuratore della Giudea*
Traduzione e nota di Leonardo Sciascia
Collana «La memoria» n. 4, 1980

Voltaire *Memorie*
Traduzione di Alfonso Zaccaria
Collana «La memoria» n. 5, 1980

Ivàn Turghèniev *Lo spadaccino*
Traduzione di Maria Karklina
Collana «La memoria» n. 6, 1980

Il romanzo della volpe
Traduzione e nota di Salvatore Battaglia
Collana «La memoria» n. 7, 1980

Alberto Moravia *Cosma e i briganti*
Collana «La memoria» n. 8, 1980

Napoleone Bonaparte *Clisson ed Eugénie*
Con una nota di Leonardo Sciascia
Traduzione di Chiara Restivo
Collana «La memoria» n. 9, 1980

Leonardo Sciascia *Atti relativi alla morte di Raymond Roussel*
Con un saggio di Giovanni Macchia
Collana «La memoria» n. 10, 1979

Daniel Defoe *La vera storia di Jonathan Wild*
Traduzione e nota di Attilio Carapezza
Collana «La memoria» n. 11, 1980

Héctor Bianciotti *La ricerca del giardino*
Traduzione e nota di Angelo Morino
Collana «La memoria» n. 13, 1980

John M. Synge *Le isole Aran*
Traduzione e nota di Carlo Linati
Collana «La memoria» n. 16, 1980

Rex Stout *Due rampe per l'abisso*
Traduzione di Nanni Filippone
Collana «La memoria» n. 21, 1980

Fjòdor Dostojevskij *Il villaggio di Stepàncikovo*
Traduzione di Alfredo Polledro
Collana «La memoria» n. 22, 1981

Gesualdo Bufalino *Diceria dell'untore*
Collana «La memoria» n. 23, 1981

Wolfgang Goethe *Incomincia la novella storia*
Traduzione di Edvige Levi
Collana «La memoria» n. 25, 1981

Alessandro Manzoni *Storia della Colonna Infame*
Con una nota di Leonardo Sciascia
Collana «La memoria» n. 27, 1981

Max Aub *Delitti esemplari*
Traduzione e nota di Lucrezia Panunzio Cipriani
Collana «La memoria» n. 28, 1981

Irene Brin *Usi e costumi 1920-1940*
Con una nota di Lietta Tornabuoni
Collana «La memoria» n. 29, 1981

Maria Messina *Casa paterna*
Con una nota di Leonardo Sciascia
Collana «La memoria» n. 30, 1981

Nikolàj Gògol *Il Vij*
Traduzione di Michele Vranianin
Collana «La memoria» n. 31, 1981

Andrzej Kuśniewicz *Il Re delle due Sicilie*
Traduzione di Ludmila Ryba e Alberto Zoina
Collana «La memoria» n. 32, 1981

Francisco Vásquez *La veridica istoria di Lope de Aguirre*
Traduzione e nota di Angelo Morino
Collana «La memoria» n. 33, 1981

Neera *L'indomani*
Collana «La memoria» n. 34, 1981

Sofia Guglielmina margravia di Bareith *Il rosso e il rosa*
Con una nota di Alberto Savinio
Traduzione di Alfonso Zaccaria
Collana «La memoria» n. 35, 1981

Giuseppe Vannicola *Il veleno*
Con una nota di Claudia Salaris
Collana «La memoria» n. 36, 1981

Marco Ramperti *L'alfabeto delle stelle*
Con una nota di Leonardo Sciascia
Collana «La memoria» n. 37, 1981

Massimo Bontempelli *La scacchiera davanti allo specchio*
Collana «La memoria» n. 38, 1981

Leonardo Sciascia *Kermesse*
Collana «La memoria» n. 39, 1982

Max Beerbohm *Storie fantastiche per uomini stanchi*
Con una nota di Mario Praz
Traduzioni di Roberto Birindelli e Mario Praz
Collana «La memoria» n. 41, 1982

Michele Amari *Racconto popolare del Vespro siciliano*
Collana «La memoria» n. 43, 1982

Teresa d'Avila *Libro delle relazioni e delle grazie*
Traduzione e nota di Angelo Morino
Collana «La memoria» n. 45, 1982

Annie Messina (Gamîla Ghâli) *Il mirto e la rosa*
Collana «La memoria» n. 46, 1982

Narciso Feliciano Pelosini *Maestro Domenico*
Con una nota di Giorgio De Rienzo
Collana «La memoria» n. 47, 1982

Alfredo Panzini *Grammatica italiana*
Collana «La memoria» n. 50, 1982

Maria Messina *La casa nel vicolo*
Collana «La memoria» n. 51, 1982

Lidia Storoni Mazzolani *Una moglie*
Collana «La memoria» n. 52, 1982

Martín Luis Guzmán *¡Que Viva Villa!*
Traduzione e nota di Lucrezia Panunzio Cipriani
Collana «La memoria» n. 53, 1982

Joseph-Arthur de Gobineau *Mademoiselle Irnois*
Traduzione e nota di Maria Giulia Quarello
Collana «La memoria» n. 54, 1982

Leonardo Sciascia *La sentenza memorabile*
Collana «La memoria» n. 56, 1982

Cesare Greppi *I testimoni*
Collana «La memoria» n. 57, 1982

Giovanni Verga *Le storie del castello di Trezza*
Con una nota di Vincenzo Consolo
Collana «La memoria» n. 58, 1982

Henryk Sienkiewicz *Quo vadis?*
Con una nota di Gesualdo Bufalino
Collana «La memoria» n. 59, 1982

Benedetto Croce *Isabella di Morra e Diego Sandoval de Castro*
Collana «La memoria» n. 60, 1983

Bernardino de Sahagún *Storia indiana della conquista di Messico*
Traduzione e nota di Angelo Morino
Collana «La memoria» n. 63, 1983

Andrzej Kuśniewicz *Lezione di lingua morta*
Traduzione di Alberto Zoina
Collana «La memoria» n. 64, 1983

Maria Luisa Aguirre D'Amico *Paesi lontani*
Collana «La memoria» n. 65, 1983

Giuseppe Antonio Borgese *Le belle*
Con una nota di Leonardo Sciascia
Collana «La memoria» n. 66, 1983

Luisa Adorno *L'ultima provincia*
Collana «La memoria» n. 67, 1983

Charles e Mary Lamb *Cinque racconti da Shakespeare*
Con una nota di Attilio Carapezza
Traduzione di Attilio e Maria Grazia Carapezza
Collana «La memoria» n. 68, 1983

Prosper Mérimée *Lokis*
Traduzione e nota di Anna Zanetello
Collana «La memoria» n. 69, 1983

Charles-Louis de Montesquieu *Storia vera*
Traduzione e nota di Rosanna Albertini
Collana «La memoria» n. 70, 1983

Vanni e Gian Mario Beltrami *Una breve illusione*
Collana «La memoria» n. 77, 1983

Giorgio Pecorini *Il milite noto*
Collana «La memoria» n. 78, 1983

Giuseppe Bonaviri *L'incominciamento*
Collana «La memoria» n. 79, 1983

Leonardo Sciascia *L'affaire Moro*
Con aggiunta la Relazione Parlamentare
Collana «La memoria» n. 80, 1983

Anita Loos *I signori preferiscono le bionde*
Collana «La memoria» n. 85, 1983

Anita Loos *Ma... i signori sposano le brune*
Collana «La memoria» n. 86, 1983

Guglielmo Negri *Il risveglio*
Collana «La memoria» n. 88, 1984

André Chénier *Gli altari della paura*
A cura di Bruno Romani
Collana «La memoria» n. 91, 1984

Leonardo Sciascia *Cronachette*
Collana «La memoria» n. 100, 1985

Enea Silvio Piccolomini *Storia di due amanti*
Collana «La memoria» n. 101, 1985

Enrico Job *La Palazzina di villeggiatura*
Collana «La memoria» n. 105, 1985

Antonio Castelli *Passi a piedi passi a memoria*
Collana «La memoria» n. 106, 1985

Friedrich Glauser *Il grafico della febbre*
Traduzione di Gabriella de' Grandi
Collana «La memoria» n. 108, 1985

Friedrich Glauser *Il tè delle tre vecchie signore*
Traduzione di Gabriella de' Grandi
Collana «La memoria» n. 109, 1985

Leonardo Sciascia *Per un ritratto dello scrittore da giovane*
Collana «La memoria» n. 113, 1985

Mario Soldati *24 ore in uno studio cinematografico*
Con una nota di Guido Davico Bonino
Collana «La memoria» n. 114, 1985

Denis Diderot *L'uccello bianco. Racconto blu*
Traduzione di Anna Tito
Collana «La memoria» n. 115, 1985

Joseph-Arthur de Gobineau *Adelaide*
Traduzione e nota di Maria Giulia Quarello
Collana «La memoria» n. 116, 1985

Corrado Alvaro *L'Italia rinunzia?*
Collana «La memoria» n. 121, 1986

Giuseppe Antonio Borgese *La città sconosciuta*
Collana «La memoria» n. 123, 1986

Maria Luisa Aguirre D'Amico *Come si può*
Collana «La memoria» n. 125, 1986

Domenico Campana *La stanza dello scirocco*
Collana «La memoria» n. 127, 1986

Fausto Pirandello *Piccole impertinenze*
A cura di Maria Luisa Aguirre D'Amico
Collana «La memoria» n. 159, 1987

Vincenzo Consolo *Retablo*
Collana «La memoria» n. 160, 1987

Leonardo Sciascia *Stendhal e la Sicilia*
Collana «Quaderni della Biblioteca siciliana di storia e letteratura» n. 1, 1984

Orazio Cancila *Così andavano le cose nel secolo sedicesimo*
Collana «Quaderni della Biblioteca siciliana di storia e letteratura» n. 8, 1984

D.L.S.L.L.S.D.C. *De La Signora Laura Lanza Signora di Carini*
A cura di Laura Sciascia
Collana «Quaderni della Biblioteca siciliana di storia e letteratura» n. 10, 1985

Emanuele Bettini *Rapporto sui fatti di Bronte del 1860*
Collana «Quaderni della Biblioteca siciliana di storia e letteratura» n. 11, 1985

Hans Peter Holst *L'amante di Bellini*
Traduzione di Gustavo Strafforello riveduta da Maria Gulì Croci
Collana «Quaderni della Biblioteca siciliana di storia e letteratura» n. 15, 1986

Gilbert Keith Chesterton *Il bello del brutto*
Introduzione di Attilio Brilli
Traduzione di Piera Sestini
Collana «La diagonale» n. 1, 1985

Luciano Canfora *La sentenza. Concetto Marchesi e Giovanni Gentile*
Collana «La diagonale» n. 2, 1985

Ludovico Antonio Muratori *Il cristianesimo felice nelle missioni dei padri della Compagnia di Gesù nel Paraguai*
A cura di Paolo Collo
Con una nota di Angelo Morino
Collana «La diagonale» n. 3, 1985

Charles-Joseph de Ligne *I giardini di Beloeil*
A cura di Barbara Briganti e Anna Jeronimidis
Collana «La diagonale» n. 4, 1985

Gesualdo Bufalino *Cere perse*
Collana «La diagonale» n. 6, 1985

Mary McCarthy *Il romanzo e le idee*
Traduzione di Sandra Gorresio
Collana «La diagonale» n. 7, 1985

Simone Candela *I Florio*
Collana «La diagonale» n. 8, 1986

Maria Savinio *Con Savinio. Ricordi e lettere*
A cura di Angelica Savinio
Con una nota di Leonardo Sciascia
Collana «La diagonale» n. 19, 1987

Leonardo Sciascia *Fatti diversi di storia letteraria e civile*
Collana «La diagonale» n. 45, 1989

Hélène Tuzet *Viaggiatori stranieri in Sicilia nel XVIII secolo*
Traduzione di Alfonsina Bellomo
Fuori collana, 1988

Note dell'editore

Vito La Mantia *Origine e vicende dell'Inquisizione in Sicilia*
Collana «Biblioteca siciliana di storia e letteratura» n. 5, 1977

Carlo Alberto Garufi *Fatti e personaggi dell'Inquisizione in Sicilia*
Collana «Biblioteca siciliana di storia e letteratura» n. 6, 1977

Domenico Scinà, Adelaide Baviera Albanese *L'arabica impostura*
In copertina: incisione di Bruno Caruso
Collana «La civiltà perfezionata», 1978

William H. Prescott *Gli ultimi anni di Carlo V*
Traduzione di Andrea Veniero
In copertina: incisione di Edo Janich
Collana «La civiltà perfezionata», 1978

Oscar Wilde *Il delitto di lord Arturo Savile*
Introduzione di Arnaldo De Lisle
Traduzione di Federigo Verdinois
In copertina: incisione di Tono Zancanaro
Collana «La civiltà perfezionata», 1979

Ramon Fernandez *Messaggi*
Introduzione di Gianfranco Rubino
Traduzione di Paola Ricciulli Marchetti
In copertina: incisione di Giancarlo Cazzaniga
Collana «La civiltà perfezionata», 1979

Serafino Amabile Guastella *La Madonna della Catena*
Edizione fuori commercio, 1984

ANTOLOGIE

La noia e l'offesa. Il fascismo e gli scrittori siciliani
Scritti di: Sebastiano Addamo, Sebastiano Aglianò, Giuseppe Bonaviri, Giuseppe Antonio Borgese, Vitaliano Brancati, Ignazio Buttitta, Renato Guttuso, Enzo Marangolo, Eugenio Montale, Luigi Pirandello, Salvatore Quasimodo, Nino Savarese, Leonardo Sciascia, Elio Vittorini
Collana «Prisma» n. 2, 1976

Delle cose di Sicilia. Testi inediti o rari
A cura di Leonardo Sciascia

Volume primo
Introduzione di Dominique Fernandez
Pagine di: Leandro Alberti, Michele Amari, Giuseppe Beccaria, Giuseppe Antonio Borgese, Andria D'Anfuso, Ignazio Di Matteo, Iohan Falcone, Anatole France, Francesco Gabrieli, Ibn Giubair, Rosario Gregorio, Ibn Hamdìs, Isidoro La Lumia, Giorgio Levi della Vida, Giuseppe Pitrè, Leonardo Sciascia, François Secret, Raffaele Starrabba, Francesco Testa, Rinaldo da Villanova
Collana «Biblioteca siciliana di storia e letteratura» n. 11, 1980

Volume secondo
Pagine di: Paolo Caggio, Federico del Carretto, Scipio Di Castro, Gioacchino Di Marzo, Argisto Giuffredi, Fernando Gonzaga, Pietro Lanza di Scalea, Ignazio di Loyola, Isabella de Luna, Eugenio Mele, Giuseppe Pitrè, Pietro Ranzano, Moï-

se Rimos, Salvatore Salomone Marino, Francesco Savasta, Leonardo Sciascia, Nahum Slousch, Pietro Antonio Tornamira
Collana «Biblioteca siciliana di storia e letteratura» n. 16, 1982

Volume terzo
Pagine di: Ernesto Basile, Giovanni Agostino De Cosmi, Antonino De Stefano, Vincenzo Di Giovanni, Anatole France, Carlo Gemmellaro, Joseph Hager, Lorenzo Magalotti, Francesco Ambrogio Maia, Maria Crocifissa della Concezione, Girolamo Matranga, Giovanni Meli, Gaetano Millunzi, Michele Palmieri di Miccichè, Pietro Pisani, Louis de Saint-Simon, Alexis de Tocqueville
Collana «Biblioteca siciliana di storia e letteratura» n. 19, 1984

Volume quarto
Pagine di: Corrado Alvaro, Isaak Babel, Francesco Brancaccio di Carpino, Vitaliano Brancati, Vincenzo Consolo, Benjamin Crémieux, Alessandro D'Ancona, Rodolfo De Mattei, Francesco Maria Emanuele marchese di Villabianca, Giovanni Gentile, Serafino Amabile Guastella, Eric J. Hobsbawm, Hugo von Hofmannsthal, Francesco Lanza, David H. Lawrence, Vittorio Emanuele Orlando, Giuseppe Piaggia, Luigi Pirandello, Nino Savarese, Alberto Savinio, José Maria Valverde, Giovanni Verga
Collana «Biblioteca siciliana di storia e letteratura» n. 22, 1986

Indice

Una specie collaterale della critica di Salvatore Silvano Nigro	5
Nota	23
Testimonianza di Maurizio Barbato	27

Leonardo Sciascia scrittore editore ovvero La felicità di far libri

La civiltà perfezionata	43
La memoria	61
Quaderni della Biblioteca siciliana di storia e letteratura	149
La diagonale	159
Fuori collana	179
Schede di presentazione delle collane	183
Note dell'editore	191
La noia e l'offesa	213
Delle cose di Sicilia	227
Postfazione di Salvatore Silvano Nigro	299
Elenco dei titoli	319

Questo volume è stato stampato
su carta Grifo vergata
delle Cartiere di Fabriano
nel mese di aprile 2019
presso la Esperia srl - Lavis (TN)
e confezionato
presso IGF s.p.a. - Aldeno (TN)